Tout était décousu

Lisa Poupon

Tout était décousu

Recueil

LE LYS BLEU
ÉDITIONS

© Lys Bleu Éditions – Lisa Poupon

ISBN : 979-10-377-8064-5

Dans tout ce que je fais, j'ai la triple vertu
D'être à la fois trop court, trop long et décousu.

Alfred de Musset

Avant-propos

Le recueil que vous vous apprêtez à lire regorge de textes sur divers sujets (amour, adolescence, anxiété, pensées négatives, espoir, guérison…) *Tout était décousu* est un livre recueillant certes de la poésie, ou plutôt des vers libres comme j'aime nommer puisque je ne respecte pas vraiment les codes de la poésie, mais surtout des émotions. L'écriture est pour moi avant tout une thérapie qui m'aide à être lucide et à me connaître davantage. Vous y trouverez donc des textes reflétant mon vécu, mais aussi des lignes évoquant des situations fictives qui pourraient pourtant exister et auxquelles vous pourrez vous identifier.

Vous constaterez très rapidement qu'il n'y a pas forcément de fil conducteur à ce recueil. C'est plutôt décousu. Toute ma vie mes professeurs m'ont répété que ce que j'écrivais ou expliquais était décousu. Mais qui a dit que c'était forcément une mauvaise chose ? L'important ici c'est l'expression (comme me l'a bien fait comprendre l'un de mes amis, il se reconnaîtra). Je voulais prouver, à ma manière, à travers mes écrits, que le plus essentiel n'est pas la forme, mais bien le fond. Justement, dans ce cas-là, ce n'est pas de la grande littérature mais une expression d'une âme parfois perdue, parfois sensible, mais surtout vivante et qui ressent. J'aime également casser les « codes » de l'écriture et vous verrez que je prends plaisir à me jouer des mots, à les manier différemment.

Le message qui découle de tout cela est le suivant : osez. J'ai conscience du fait que mes écrits sont fragiles sur la structure et sur le plan global. Mais j'ose. Alors, vous aussi, osez. Osez faire ce qui vous plaît et vous semble juste. Osez prendre la parole en public, osez élever votre voix, osez vous faire écouter et respecter. Osez un sourire, un regard, un mot. Osez avant tout pour vous. Mais osez. Soyez vous-même avant tout, ne vous conformez pas à ce que la société, à ce que les gens, attendent de vous. Car dès lors vous obéissez à l'un des critères qui vous déplait, vous n'êtes plus vous-même. Osez porter ce vêtement, osez flâner, flirter, danser… Depuis mon enfance, je n'osais pas. Cette époque est révolue. Aujourd'hui avec ce recueil, j'ose casser les formalités et proposer un format « décousu »…

Tout était décousu

Tout était décousu
La vie
Les mots
Même moi
Tout était décousu
Y compris les jeux sous le préau
Avec des amis qui s'avéraient faux
Voilà donc une mise à nu
D'une âme dite « perdue »
Décousue
Comme ce texte que je tends à écrire
Comme une adolescence qui m'a fait souffrir
Décousue comme cette envie de guérir
Parfois de partir
Mais surtout de vivre
Décousue comme les pensées
Comme les sentiments incertains
Ou justement trop certains
Des écorchures
Certainement des ratures
Quelques cicatrices zébrées
Ou un cœur bien fissuré
Mais bizarrement cet espoir
Cette lueur cachée par le noir
Arrive soudain à se faufiler

Entre un amas de cendres calcinées
Elle renaît tout à coup
Pour me libérer de cet otage
Et pour apaiser l'orage
Elle brise les chaînes autour de mon cou
Et devient mon sauvetage
Tout était décousu
La vie
Les mots
Ma robe
Mais ça me plaît
De passer du coq-à-l'âne
Pas de liaison
Pas de suite ou de répétitions
Ou peut-être que si

Tout était décousu, alors.
C'en était ainsi.
Et je l'acceptais avec plaisir.

Aimer. Détester. Revendiquer

... Parce que je t'ai aimé

Retenue

Tu me manques

Et tu sais

Je me mets des barrières
Parce que je sais
Que si j'ouvrais la porte, que si je déverrouillais la serrure
Ils reviendraient au galop

Et toi

Tu n'en veux pas

Et je comprends

Alors

Je me mets des barrières
Même si ça ne date pas d'hier
Qu'ils ont été repoussés
Chassés
Ils sont encore là

Inchangés

J'essaye de ne pas trop y penser
C'est probablement trop tôt
Alors vaut mieux avorter
Et ravaler les sanglots

En vrai, j'ignore ce que c'est
Si c'est ce à quoi je songe
Ou juste des illusions
Une vaste blague, ou un mensonge
Je ne sais pas si tu comprendras, si tu devineras
Voilà encore une maladresse
Se traduisant de ma détresse
Je ne sais pas pourquoi j'écris ça
Toi qui à la minute où découvriras cela

Me rejetteras

Toujours avec tact bien sûr,
Mais en y laissant une rature
Et je l'aurais mérité

Telle la proie qui se jette encore
Et est à nouveau piégée…

Pardonne-moi,
De mon émoi,
De ma folie
À travers mes piètres écrits

Pourtant je me sens bien à tes côtés
Et c'est tout ce qui compte, je ne veux pas chercher plus loin que le
bout de mon nez
De peur d'être déçue un beau matin
Ou abandonnée dès le lendemain…

Je ne veux plus me taire

Ni être gênée et vouloir m'enterrer six pieds sous terre
Et tu sais, à force, tu me connais
Est-ce le manque d'amour qui me fait chavirer en plein jour
Ou tes yeux me regardant avec sincérité qui me font aimer mon reflet ?

Je n'en sais trop rien

Pourtant je me sens bien…

C'est comme ça, je ne souhaite pas faire de conclusions
Qui pourraient m'emmener à de la confusion

Je vais m'arrêter là

Stopper ces lignes qui pourtant ne demandent qu'à s'élargir
Mais l'écriture
Parfois
Ne doit pas être forcée, ce pourquoi je vais m'abstenir
M'abstenir de révélations
Car te perdre serait trop con

Et la dernière de mes préoccupations…

Ne vois-tu pas
Que je crève d'amour pour toi,
Et que je tente de t'oublier dans d'autres draps ?
Prends-moi dans tes bras
Prends-moi tout court
Dis-moi que tu m'aimes
Même si ce n'est qu'éphémère
J'irai me plaindre à la mer
De ton amour incomplet
Qui fait de moi cette femme inachevée

Je ne réalise toujours pas qu'aimer peut mener à la désillusion. Le cœur change si souvent de proie. Pourtant tu es restée ma préférée, indélébile, profanée. Je suis perdue, mon corps est à la rue. Aide-(aime) moi...

Tu sais, je crois beaucoup aux signes de l'univers, aux symboles, aux synchronicités, tout ça quoi… Ces derniers temps, deux rêves m'ont profondément marquée. Le premier, je rêvais de tuer un homme, à coups de ciseaux, dégoûtée parce qu'il m'embrassait (et mal en plus), je crois. Le deuxième, le lendemain du précédent, j'avortais. Les rêves ont bien des significations, qui parfois surviennent du réel et nous font passer un message. J'crois que j'dois avorter de toi. Bon, c'est vrai, dit comme ça, c'est brutal, et drôle. Mais ça ne l'est pas. J'dois te laisser partir de mes pensées, car tu les occupes tous les jours. Faudrait que tu songes à payer l'loyer… et d'tout nettoyer en partant… Bon sang je ne veux pas te pousser à t'en aller. Mais comprends qu'espérer, c'est me tuer… Je sais que tu ne ressentiras jamais ce que j'ressens pour toi. Je sais que tu n'attendras jamais avec impatience mon message, que tu ne te demanderas jamais ce que je fais de ma journée, que tu n'écriras jamais des tas de phrases sur moi comme je fais tout cela pour toi… J'dois avorter avant que c'truc prenne vie, avant de d'venir gestante d'un engrenage impossible à s'en défaire. Mais j'ai entendu ton cœur battre, une fois. J'ai senti ta peau contre la mienne. Comment ne pas résister, sérieusement ? Tu ne voulais toucher que mon corps, seulement tu as atteint inconsciemment beaucoup plus que ça. On m'demande de prendre une décision, l'univers est contre toi, alors de quelle manière raisonner une âme en perdition ? En vérité, j'me pose toujours la question. Je dois prendre cette décision bénéfique, douloureuse, et cesser de jouer les pleurnicheuses. Mais… toujours des « mais », toujours à se foutre des bâtons dans les roues, à se casser la gueule en se plaignant d'avoir mal. C'est lassant. Usant. Fatigant. De tomber. D'avoir les genoux tellement écorchés qu'ils ne cicatrisent plus, où le sang coule abondamment. Un peu comme mes larmes, arrivées tard le soir, après une énième insomnie à imaginer des scénarios avec brio. Tu sais quoi, laissons passer le week-end. Je picolerai, et, bourrée, tu recevras très certainement des vocaux de moi complètement alcoolisée, mais j't'ai déjà prévenu là-dessus. Ne t'étonne pas si, encore une fois, j'me mets à nu. Tu me repousseras, je lis déjà ton « on en a déjà parlé Lisa, il n'y aura en aucun cas plus que ça ». Ouais. Putain. J'm'enivrai de liqueurs fortes, peut-être même de CBD, au lieu de ton parfum salé. Que j'aime tant. Comme toi... Nan, j'dois pas emprunter ce chemin-là. C'est trop risqué, trop en pente, et j'dégringolerai. Mes mots se succéderont, encore, toujours, jamais.

Parfois
La nuit
Avant de m'endormir
Je serre fort un coussin
Tout contre moi
En pensant que c'est toi
À la place

Tu t'imposes même dans les choses les plus insignifiantes, qui deviennent alors des plus importantes.

Il y a tellement de choses que j'aurais voulu te dire
Du style : j'en ai marre de souffrir
C'est même pas de ta faute, c'est ça le pire
Je crois que je n'y arriverais pas
Tu sais, à faire une croix sur toi
Il y a tellement de choses que j'aurais voulu te dire
Du style : je n'en peux plus de courir
Pour éviter mes sentiments
Ou pour rattraper cet espoir cinglant
Il y a des jours où je me dis :
« C'est bon, ça y est, j'arrête »
Et d'autres où je me crie :
« Continue, ne sois pas bête !
Seulement le cœur me rattrape
M'empoigne puis me frappe
On me dit de suivre mon intuition
Sauf que je ne la retrouve plus, elle est en perdition
Alors je me tourne vers mon âme,
Qui sait, peut-être aura-t-elle la réponse
Mais elle hausse les épaules et elle aussi s'enfonce
Dans de nouvelles questions
Dans de nouveaux troubles
Dans de nouvelles insomnies à la con
Et je vois tout en double
À force d'avaler ces alcools forts
Et parfois même je me dédouble
Pour dissocier les émotions de mon corps
Je sais que tu n'es pas l'antidote
Pourtant, si tu savais à quel point je sanglote…

Je ne dirais pas non pour une étreinte
Pour me sentir un peu moins éteinte…
Mais tu ne fais pas dans le romantisme
Ça m'embête que tu ne sois pas transparent tel un prisme !
Dis-moi ce qui te stimulerait pour que je t'électrise
Pour qu'enfin tu te dises :
« Elle, elle illumine la pièce tout entière
Elle fait trembler toute ma chair
Elle fait pianoter mon cœur
Elle m'asperge d'une traînée de bonheur »
Cela fait six années à présent
Que l'on se côtoie, non pas comme des amants
Six longues années à se chercher
Sans vraiment se trouver
Ou peut-être est-ce moi la seule qui y aspire
Car toi tu ne m'attends pas
Que ça ne sera jamais le cas
Dans cette circonstance
Apprends-moi
À quitter l'errance
De toi
À quitter la souffrance
D'un amour à sens unique
À quitter cette panique
Qui m'habite depuis trop longtemps
Apprends-moi
À désaimer
Apprends-moi
À oublier tes baisers
À effacer nos nuits partagées
À supprimer ton parfum qui est ancré
À chiffonner ces images de mes pensées
À arracher la vision de nos corps endiablés
À détruire ce qu'il y avait d'un nous temporaire et modéré

Apprends-moi
À ne plus t'idolâtrer
Ni espérer
Que tu reviennes
Pour m'informer que je suis tienne
S'il te plaît, même si je joue les pleureuses
Apprends-moi à ne plus être amoureuse.

Je n'ai pas su résister donc j'ai attrapé une cuillère et j'ai fini le pot de pâte à tartiner. Je l'ai fait parce qu'en vérité je me sentais vide alors que c'est de l'amour dont je suis avide. J'ai englouti mes sentiments en refusant que les tiens soient absents. J'avais besoin de me combler, peu importe par quel moyen, il fallait juste que ce néant soit recouvert un instant, pour que la crise passe et qu'elle se lasse. Évidemment, tout de suite après, j'ai regretté, car j'ai réalisé que c'est mon corps qui en pâtissait. Il est hors de question que je me maltraite ainsi, mais va dire cela à la tentation, et cette fission qui fait rage dans mon esprit...

Pourquoi
À chaque fois
Que je me dis
« Ça y est : je t'oublie »
Tu viens hanter mes nuits

Pourquoi
À chaque fois
Que je m'éloigne de toi
Tu m'envoies le premier message
Et j'en oublie d'être sage

Pourquoi
Les signes sont contradictoires
Alors que de surcroît
Tu n'es pas ma victoire
Mais plutôt ma défaite

Pourquoi
Rester
Continuer d'espérer
Attendre quelque chose qui n'arrive pas
Seulement dans mes rêves les plus timbrés

Pourquoi
S'obstiner
À souffrir
Alors qu'il suffirait
De passer outre, d'avancer

Pourquoi
Tant de questions
Auxquelles les réponses
N'ont pas de point
Et demeurer pantois

Pourquoi
Toi
?

Dilemme

J'ai envie d'accepter sa proposition
Pour être plus proche de son corps
Et de ressentir ses mains sur moi, encore
Sentir son parfum qui m'enivre
Ses lèvres qui me rendent ivre
Une part de moi veut hurler « oui ! »
Oui, donne-moi du plaisir
Oui, fais-moi gémir
Oui, fais-moi jouir
Seulement ma raison
Me dicte « non ! »
Croire qu'en faisant l'amour
Il ressentirait de l'amour
Et enlèverait ce poids lourd
Néanmoins c'est purement sexuel
Il n'y aura rien de passionnel
Mes pensées sont obsessionnelles
Ne tournent qu'autour de ça
Mais si j'y consens, finirais-je au trépas ?

–   C'est ça de faire des folies la nuit

–   Oui

[…]

–   Quelle idée

–   De quoi ?

–   De faire de telles folies

–   Bah écoutes si ça te plaît tant mieux

–   Et toi quelles sont tes folies ?

–   *Toi*... Orf, j'en ai pas vraiment.

Quelle ironie
Amoureuse de l'amour
Amoureuse d'aimer
Amoureuse d'être (de l'être) aimé.e
Malheureusement
Amoureuse d'un homme refusant d'être mon amant

Je veux guérir
Ne plus t'aimer
Ne plus souffrir
Être libérée
Ne plus ressentir
Cet amour
Que tu ne partages pas
Avec moi
Putain que les nuits sont rudes
Quand elles ne sont pas à tes côtés
J'ai presque honte de mon attitude
En ressassant le passé

J'y repense parfois. Souvent, en fait. Non… En réalité, tout le temps. Les flashbacks sont ancrés en moi et c'est avec autant de plaisir que de nostalgie que je les ravive dans mon esprit. Ta peau, ta bouche contre la mienne, ton odeur… Bordel fais-moi encore l'amour. Touche-moi encore. Dévore ma poitrine, caresse mes cuisses. Galbe mon sein et presse mon sexe de ta main. Recommence ton jeu de latence dans lequel je n'ai aucune patience, où mes râles n'ont plus aucune prestance. Claque encore mes fesses. Fais fi de ma maladresse lorsque ma langue veut atteindre ton bas ventre… Prends-moi, tout simplement, peu importe la façon, mais aime-moi…

Décision

J'ai attendu ton retour. Enfin tu n'es jamais parti. De ma mémoire, j'entends. Mais je me dis qu'il est peut-être temps de te chasser. De t'expulser. Je vais te rayer de mes scénarios où tu figurais l'acteur principal. Oh crois-moi dans mes rêves tes performances étaient parfaites... quelle désillusion quand je les ai comparés à la triste réalité... Ça m'a fait mal. Mon esprit ne cessait de songer à des instants passés à tes côtés, dans lesquels tu prétendais m'aimer. Dans lesquels, moi, je souriais. Sincèrement. Pourtant quand j'ouvre mes yeux, les images s'évaporent et je te vois quitter le port. Tu prends le large quand cela devient trop sérieux, puis quant à moi je hurle toute ma rage. C'est de ma faute, j'en suis consciente, que veux-tu, je suis sotte... Je voulais simplement un minimum de clarté à travers mon obscurité, que tu m'éclaires un peu et que je puisse m'y retrouver parmi mes nombreux démons... Encore une fois je souhaitais que tu me comprennes et que tu calmes ma haine... Je crois qu'au final, tu n'as pu faire que le contraire.

« Ami » est un terme qui nous correspond. Enfin j'crois ? Même cette condition, j'ai du mal à l'assimiler désormais. « Amant », ça c'est une autre histoire, qui n'existe que dans mes espoirs. Mais c'est fini. J'arrête de me torturer l'esprit. J'arrache les pages en alliant mon courage et je me libère de toi, de ce poids que cela représente pour moi. Je suis si désolée vis-à-vis de mon âme qu'elle ait eue à rêver d'une idylle qui ne se développerait ô grand jamais. Si désolée qu'elle ne connaisse pas l'amour avec cet homme-là. Si désolée à mon cœur de lui faire éprouver de la rancœur... J'apprendrai à aimer pour deux. À me soigner. Et enfin de rendre mon être heureux. Parce que je le mérite, c'est injuste que je m'effrite. Alors ça y est : j'appuie sur le bouton « effacer ». Tu n'es plus qu'une connaissance, où jamais plus une relation ne prendra naissance…

… Parce que je t'ai détesté

Trahison

Et tu sais,
Je crois que mon corps est un savant.
Il savait que tu partirais
Alors il ne t'a plus considéré comme amant,
Mais
Comme étranger.
Il t'a repoussé. Tu le répugnais
Pas par tes courbes, ce serait mentir
Mais par ton âme qui, ailleurs, batifolait.
Tu sais
Mon corps n'oublie rien :
Il n'oublie pas tes caresses du matin
Il n'oublie pas tes absences lorsque le soir survient.
Quand, sur ton téléphone, tu complimentes quelqu'un
Et que moins passionnés se font tes vas et viens.
Mon corps n'oublie rien.
Il n'oublie pas les mains qui se sont aventurées trop loin,
Encore moins sans invitation.
Alors il t'a chassé de mon habitation.
Il s'est senti bloqué face à tes supplications.
C'est mon esprit qui a réagi bien tard,
Choqué car il te croyait honnête, pure race,
Alors que tu n'es que bâtard.
J'ai balayé tes murmures,
En commençant par écouter aux murs.

Ils parlent beaucoup, relatent des histoires,
Et celle qu'ils me racontaient,
Était le début de la fin.
Tu as choisi d'emménager ailleurs,
Ne me laissant que de la rancœur.
Tu crois que l'herbe est plus verte chez la voisine,
Alors tu vas la manger, la mettre dans notre cuisine.
Pourtant c'est moi qui ai pris mes affaires et le chat,
En veillant à brûler ce qu'il restait de notre habitat.
Les tuiles sont tombées, provoquées par la tempête,
Pourtant je te rassure : mes fondations sont solides,
Elles résistent à n'importe lesquels de tes mensonges morbides.
Dans cette défaite j'ai regagné mon âme, se faisant moins fluette.
J'ai brandi mes poings et cogné les dernières parois,
Que tu m'imposais presque de surcroît.
La femme a brisé le plafond de verre,
En s'y écorchant, c'est vrai,
Seulement la voilà qui renaît,
Des cendres sur lesquelles tu aurais pu souffler
Mais que j'ai éloignées loin de tes mauvaises ondes remontant de ton enfer.

Tu m'as toujours répété,
Même au début de notre relation,
Que c'est moi la première qui partirai
Et tu as eu raison.

Mais ce dont j'ignorais,
C'est que ce serait toi,
Qui cesserait de m'aimer
En premier.

Je ne peux pas te reprocher ton talent de visionnaire. Malgré tout j'en garde une blessure de guerre. Tu m'as laissé des cicatrices, en foutant la merde dans la matrice. Comment ai-je fait pour guérir ? Je suis enfin devenue la personne dont j'ai toujours voulu être. Je rayonne au lieu de souffrir. J'apprends à me connaître en te bannissant de mes souvenirs et de la façon dont tu as voulu me construire.

Bien sûr
Que quand je penserai à toi
La blessure s'ouvrira
Bien sûr
Que quand je ressentirais ton odeur
Je repenserai à ce bonheur
Que l'on a vécu
Et que tu as métamorphosé en torture
Bien sûr
Ton nom est indélébile
Toi qui m'as fait passer pour une débile
Bien sûr
Ta trahison est une gravure
Mais elle ne marquera jamais ma tombe
Elle fera l'effet d'une bombe
Certes
Cependant je balayerai les débris
Comme je l'ai toujours fait
Et c'est dans la nuit
Que j'apprendrai à oublier l'homme surfait que tu es.

J'aurais voulu t'écrire des poèmes
Dans lesquels il est si facile de dire « je t'aime »
J'aurais voulu t'écrire des romans
Dans lesquels tu deviens mon amant

Quant à toi…

Tu n'as su qu'écrire des tragédies
Dans lesquelles surviennent les tromperies
Tu n'as su qu'écrire sur le malheur
Qui s'abattait dans mes tripes et dans mon cœur

J'aurais voulu danser sous la pleine lune
Toi, tu te cachais derrière les longues dunes
Tu as de la chance je n'aime pas la rancune
Mais qu'as-tu fait de cette sensation d'amour commune ?

J'ai continué de valser seule dans la nuit
Pendant que toi tu dansais dans son lit
Tout cela a creusé mes traits, me donnant de l'âge
Tandis que tu as fait apparaître un sourire sur son visage

L'amour est volage
Un peu comme une chaussure qui a besoin d'un bon cirage
Mais c'est toi qui es parti le premier,
En ne tenant pas cette promesse de me chérir pour l'éternité

Comme disait Charlotte Gainsbourg :
« Quand l'un s'en va et l'autre reste »
Tu dépassais déjà les faubourgs
En (me) lâchant du leste

Je n'ai pas espéré ton retour
C'était définitif et sans détour
Tes mains s'enlaçaient déjà aux siennes
Désormais je n'étais plus tienne

Seulement qui caresserait les miennes
Lorsque les angoisses referont surface ?
Qui embrassera mon âme
Lorsque les pensées se feront infâmes ?

Qui s'assurera de ma santé
Et me soutiendra de ne plus me scarifier ?
Qui me forcera de manger,
Parce que mon corps est déjà « parfait » ?

Je me retrouve alors seule
Perdue entre mes sentiments et ma dépendance
Perdue entre mes cauchemars et ma déviance
Je me retrouve alors seule

Seule, mais bien vivante
Et je (me) le promets je me montrerais vibrante
J'apprendrais à mieux me connaître
Pour n'en faire qu'un avec mon être.

... Parce que l'amour est un mystère opaque

Elle m'assène la nuit
de manière brutale
elle me rend visite lors d'insomnies
tel un animal
elle est vicieuse
d'apparence mielleuse
la nostalgie se pare d'une peau
qu'elle revête pour quelque chose de plus beau,
mais en dessous le masque
elle tient un couteau aiguisé
c'est au-dessus de ma vasque
que je pleure quelques bribes erronées
je me remémore
nos danses alcoolisées
tandis que je commémore
nos baisers intimidés
mon lit est incomplet, car loin de moi
tu t'es absenté
j'aurais voulu te savoir mort
plutôt qu'égaré
dans cette folie j'(t')en veux encore
de nos disputes fracturées
dans cette démence j'en redemande
de nos questions démesurées
je ne peux m'empêcher
de feuilleter nos albums photos
dans lesquelles tu m'embrassais
en m'enlaçant au bord de l'eau,
mais la rivière n'est plus

elle s'est asséchée,
mais ton amour mourut
il s'est échappé
j'ai fait d'autres rencontres
jamais à la hauteur
de toi
j'ai regardé ma montre
pour qu'elle m'indique l'heure
et qu'elle me dise quand tu reviendrais
sauf que les aiguilles
ont cessé de fonctionner
mes pensées grésillent
de ton absence déraisonnée
alors la nostalgie
est devenue une ennemie
elle qui prétendait être mon amie
elle me nargue chaque soir
me susurrant que je suis en retard
tu as refait ta vie
en partageant désormais tes nuits
les miennes ne sont plus que solitude
pourtant je n'ai toujours pas pris l'habitude
de me coucher sans tes « je t'aime » murmurés
est-ce un déni
ou un deuil inachevé ?
est-ce une maladie
ou un cœur balafré ?

Épargne-moi tes litanies
Je sais bien que tu l'as traîné dans ton lit
Tu as goûté à son miel
Me faisant croire que j'étais importante tel le vermeil
Je suis l'abeille qui travaille à la ruche le matin
Et revient, arrivé le soir, butiner sa fleur
Mais elle a été coupée de ta main
Je m'en retrouverai une autre
Tout comme tu l'as fait comme un vilain
Sauf que tu n'es pas cet insecte
Tu es un moustique infect
Que j'écrase volontiers avec mon pied
Qui cessera de me pomper le sang
Mon énergie et mon temps
Voilà, tu es aussi insignifiant que lui
Pourtant j'ai plus de respect
Que je n'en aurai jamais pour ta traîtrise

Épargne-moi tes fantaisies
Mon lit est resté vierge tout ce temps
Ce soi-disant miel dont tu me parles
N'étaient que de graveleuses palabres
Tu es l'abeille qui a su butiner mon cœur
Te perdre ? Oh jamais que Dieu m'en éloigne, mon cœur
Je n'oserai point te mutiler pour de vulgaires histoires
Vilain suis-je ? Je ne peux tout bonnement y croire
Me comparer à un moustique, voilà qui est bas
Vouloir me nuire est une vile pensée
Tes yeux, tes mains sont des pansements pour moi
Luxe, calme et volupté

Bien sûr que tu as songé à laver les draps
Rien n'échappe à un malfrat comme toi
Tu jures Dieu, mais c'n'est que pour elle que tu as d'yeux
Satan est ton incarnation, cesse tes blasphèmes
Je suis ces pansements que tu as daigné arracher
Alors que tout ce que j'désirais : c'était qu'tu m'aimes
Tu parles de luxe, calme et volupté
Pourtant tu n'as connu que la pauvreté, le chaos et tu m'as écœuré
Tu as fait bien pire que me scarifier
Tu m'as torturé
Par tes mensonges sordides
Tu n'es pas un saint à qui se confier
Mais un démon dont il faut à tout prix se méfier
Malsain et perfide, tu trépides

Texte en collaboration avec BlackEscanor. Il arrive que j'envoie certains de mes textes en cours d'écriture à des amis... Ici, ce fut le cas. Seulement le premier paragraphe était prévu mais l'un de mes amis a eu une inspiration et a complété... j'ai donc répondu et de là est né le texte...

Le jeu du chat et de la souris… suis-moi je te fuis, fuis-moi je te suis…
Mais quel plaisir d'être ta proie… mais quel plaisir que tu sois le chat.
Tu souhaites que je sois à toi pourtant je n'appartiens guère à qui que
ce soit. Je revendique ma liberté quand tu désires un aparté. Tu
m'appâtes et m'épates, pour t'embêter je me carapate… Tu t'en vas,
je retourne sur mes pas... On se touche puis je me couche. En cet
instant qui est le chat, qui est la souris ? Tu me souris avec tes yeux, et
m'embrasses avec tes mains. Pour un temps celui-ci s'est figé, il
n'existe pas encore de lendemain. Nos jambes s'enlacent même si tu
me dépasses. Nous jouons un jeu où les règles nous appartiennent, où
nous ne bannissons pourtant pas la haine. Tu me traites irrégulièrement
comme ta Reine. J'ai de la peine, car voilà que la petite bête s'enfuit.
Le chat peu futé la suit, sauf qu'il se prend violemment un mur. Fini
les jeux : apprenons à devenir des personnes mûres. Trouvons-nous,
aimons-nous, ou cessons tout.

Être à tes côtés c'est voir le paradis en mieux, sans même mourir...

Indifférence

Je scrollais sur les réseaux sociaux
Et je suis tombée sur ce mot :
« Basorexie »
D'après Internet, cela se traduit par l'envie irrépressible d'embrasser quelqu'un
Ce soir-là, lorsque tu as allumé ta cigarette, j'ai eu ce besoin incessant de sentir ton cœur battre contre le mien
Mes lèvres brûlaient d'impatience à l'idée de rencontrer les tiennes et qu'elles puissent enfin danser ensemble
Tu prenais tout ton temps et tu laissais ce sentiment me consumer, tu t'en fichais que j'en tremble
Enfin, tu as écrasé l'objet de ton attention et les cendres se sont un peu dispersées dans les airs
Une part de moi également souhaitait ce début d'une nouvelle ère
Mais j'ai réalisé qu'en te regardant, je n'avais plus vraiment les pieds sur Terre
Tes yeux croisaient mon regard, c'est vrai
Cependant, l'intention n'était pas la même
Tu as tourné ta tête embaumée de pensées vers cette fille qui traversait la chaussée,
Et c'est là que j'ai réalisé que je ne serais jamais cette femme que tu désirais aimer
Mon cœur s'est alors pourvu d'une petite fracture : c'était si dur de me dire que je n'étais pas cette nana qu'il te fallait

J'ai fini par accepter que tes pupilles ne brilleraient jamais d'amour à mon égard

Et que mon corps n'aurait jamais la chance de connaître tes caresses pleines de douceur

Enfin, mon cœur s'est décidé à te dire « au revoir », afin de ne pas souffrir par l'absence de tes sentiments qui auraient probablement fait mon bonheur

Malgré tout quelqu'un m'attend, quelque part dans le monde

Et grâce à cette personne, je le sais : il m'enlèvera de ma tête toutes ces visions immondes

Sauf que

Ce ne sera pas toi

Pas toi et moi, pas nous

Toi, de ton côté

Moi, du mien

Je finirai par cesser d'espérer

De t'idéaliser

Et de t'imaginer dans mes draps défaits par notre nuit endiablée

Qui n'existerait que dans mes pensées.

Je suis religieuse, mais seulement de toi
Ton corps est mon refuge
Mon subterfuge
Je n'attends pas le dimanche
Pour me rendre à l'église
Je m'accroche à tes hanches
Tandis que je chante des vocalises
Cependant je prie
Pour que tu restes à mes côtés
Tu dois me jurer fidélité
Tel le croyant que tu es.

Je t'ai cherché à la gare
Je t'ai cherché dans un magasin
Je t'ai cherché dans un bar
Je t'ai cherché un beau matin

Mais tu n'y étais pas

On dit que les âmes sœurs
Se rencontrent au coin d'une rue
Pourtant je me suis rendue sur les grandes avenues
Et même sur les boulevards et les autoroutes

Dis-moi où ai-je pu faire fausse route ?

J'oublie parfois que l'amour doit nous tomber dessus... S'il te plaît, ne me fais pas trop mal lors de l'atterrissage.

Je t'aime demain, je t'aime toujours. Et si ma raison n'est plus logique, mon cœur, lui, restera lucide. Je t'aime hier et aujourd'hui c'est encore plus fort. Si mes narines ne sentent plus alors mon cœur ne cessera de ressentir. Et même si je deviens muette il parlera, il exprimera ce que j'éprouve pour toi. Lorsque le corps s'éteint, c'est l'âme qui s'éveille. Elle n'oublie pas les sentiments tout comme l'enveloppe charnelle n'efface pas les sensations. Et même lorsque le cœur ne battra plus, il aura tout mémorisé ; il se souviendra de comment je t'aime et avec quelle force il a usé.

« Je te laisserai des mots »

Tu étais
Tout ce dont je rêvais
Un baiser
Parfait
Et tes doigts dessinaient les courbes de mon corps
De mon visage
Des nuages
Et tes yeux
M'admiraient
Me souriaient
Mais l'heure des adieux arrivait
Ainsi que les dernières embrassades
Trop précipitées
Faire l'amour une dernière fois
Afin que tu te souviennes entièrement de moi
Mes lèvres entrouvertes
Attendant douloureusement une dernière découverte
Tes mains sur mes fesses
Me rendant tigresse
Les sensations s'évanouissent déjà
Je prierais pour être de nouveau à côté de toi
Tu m'observes une toute dernière fois
Et nos au revoir sonnent comme des « c'est sans espoir »
Je le sais
Mon cœur en miette

Savoure un ultime instant nos moments de tendresse
Et nous nous lâchons les mains
Qui plus jamais ne se rejoindront un matin
Ni une après-midi
Ni une nuit
Je repense aux étoiles
Qui ont assisté à la création de cette toile
Je la garde au plus profond de ma collection
La durée m'importe peu
Quand je songe aux sensations, ça sonne creux

Le vide

Plus rien

Quel bide…

Mais un joli bide
Un astéroïde
Qui vient s'écraser
Puis qui repart
En ayant cassé mes remparts
Libéré l'eau
De mes larmes coulant à flots
Et ces moments deviennent souvenirs
Dans lesquels il est hors de question de souffrir
Mais plutôt de sourire…

*À toi, tu te reconnaîtras. Merci pour ce petit bout de chemin parcouru
ensemble. Tu m'auras appris tant, en si peu de temps…*

L'amour
N'est pas d'attendre
L'amour
C'est vivre
Être ivre
Non pas de liqueurs
Qui écœures
Mais de parfums
Enivrants
D'un cou reluisant
Ou de cheveux étincelants.

La façon dont tu traitais mon corps avec douceur
Était la même que quand tes yeux m'admiraient
Je n'oublierai pas ton regard rieur
Lorsqu'avec tendresse tu me taquinais
Tes mains sur ma peau
Figuraient aussi sur mon cœur
Pardonne-moi d'avoir avorté trop tôt
D'un flirt perdu d'avance par mes doutes d'ado.

La vérité c'est que tu m'obsède tellement que ça en devient obscène,
mais promis je ne vais
pas en faire toute une scène...

Prends juste ma main et marchons ensemble sur les quais de Seine.
Dansons devant la tour
Eiffel, et dis-moi à quel point je suis belle.

Fais-moi vibrer à toute heure, en participant à mon bonheur.

Buvons un verre de vin ou deux, pour que l'on oublie ce quotidien
malheureux. Embrasse-moi sur mes lèvres charnues et découvre ma
peau mise à nu.

Enlève mes sous-vêtements en me caressant tendrement. Épouse mes
formes et conte-moi
ces récits où tu deviendras mon Roi et moi ta Reine.

Et raconte-moi comment tu as chassé ces sirènes
pour parvenir enfin à ton règne...

Mon Amour est tendre
Mon Amour est doux
Mon Amour est gendre
Mon Amour est d'où ?

Mon Amour est libre,
Mon Amour est colombe,
Mon Amour est pénombre
Mon Amour est ivre !

Amour me dompte
Et Amour me défie.
Amour me fait des comptes
Et Amour me lie.

Je suis forte et Amour me porte.
Mais Amour parfois me brise
Et alors Amour m'enlise.

Je m'embrase et m'écrase,
Pour plonger dans un océan de larmes.
Puis je me noie et mes doigts…

… sentent le brûlé à cause de toi.
Amour me serre et m'enserre
Mais Amour m'émerveille, me rend belle.

L'Amour n'est qu'une folle beauté
Et je ne suis que folie.
Il est la flamme quand je suis glace
Et moi la braise quand il est pluie.

Amour est émotion
Amour est émotif
Je ne suis qu'émotive face à tant d'émotions.

Amour est sensation
Amour est sensible
Je ne suis que sensible face à tant de sensations

Je peux être Amour
Tout comme Amour est autrui
Amoureuse une nuit
Comme aimée toute une vie…

Nous étions deux âmes qui se cherchaient, mais qui ne se sont jamais trouvées…

Une impression d'être une étrangère
Ou un livre poussiéreux sur une étagère
Tu ne fais plus attention à moi
Tu as perdu le mode d'emploi
Alors je tombe dans ce désarroi
Ma lumière ne t'éclaire plus
L'étincelle s'est éteinte
Entre nous plus que des astreintes
Et notre amour se mourut.

Paris, Paris, Paris...

Et puis en une soirée, j'ai connu la légèreté. Mes yeux ont scintillé comme la tour Eiffel, ce fut une pure merveille. Le bonheur m'a assailli, presque enseveli... Mon cœur a cogné très fort lorsque j'ai pris de la vitesse, tandis que je m'affichais telle une véritable diablesse. Mes rires ont résonné dans la rue, puis tout cela m'a ému. C'était une nouvelle ère, parce que j'ai changé d'air ! Mais la nostalgie, cette vieille amie, s'est très vite emparée de moi une fois seule. J'ai songé au passé. Et puis à toi. Mon souffle s'est saccadé, rythmé par la musique qui montait crescendo. Enfin, j'ai repensé à qui j'étais auparavant, mes vieux crédos, tu sais, cette petite fille perdue, c'est affligeant. Jamais je n'aurais osé prendre de pareils chemins, mais comme on dit, on ne sait guère de quoi est fait demain.

 Mon cœur s'est remis à battre très fort alors j'ai pris mon courage à deux mains en faisant des efforts. J'ai accepté les divers sentiments qui arrivaient à présent, et je les ai laissés pénétrer mon âme. Tandis que la fatigue s'insérait dans mes tripes, j'ai serré les draps tout contre moi et j'ai encore rêvé de toi. Alors, quelques couleurs me sont apparues : le vert pour l'immense espoir de te revoir et le rouge pour la passion de notre union... Mes pupilles se sont délicatement fermées lorsqu'un soupire s'est subtilement échappé. Finalement, je me suis endormie dans ce p'tit vingt mètres carrés avec une sensation de bonheur si niais à Paris.

L'histoire d'un roi maladroit

J'ai le mal de toi
Capricieux comme un Roi
Je te veux dans mes bras
Mais je n'avais pas prévu ça
Ton départ si soudain
Dans d'autres contrées
Là où je ne figure pas
Loin de moi
À l'orée des bois
Où là-bas tu trouveras
Un chevalier
Prêt à tout pour te conquérir
Tandis que moi je t'offrais
Des perles à n'en plus finir
Mais le cavalier
Était plus grand, était plus prestigieux
Quand bien même malgré mes efforts
Ça n'a pas suffi malgré tes torts
Un Roi sans sa Reine
Rien n'est plus pareil
Loin de moi cette haine
Mais tout près résonne ma peine
Alors chaque soir je prie les Dieux
Pour qu'ils te ramènent à mon château
Seulement par le soldat te voilà hypnotisée
Tu n'es plus mienne désormais
Je suffoque, je pleure des ruisseaux

Pendant que tu l'enlaces
C'est nos moments que je ressasse
Je n'ai plus de tours dans ma besace
Renfermé dans ma tour
Je rivalise avec Raiponce
Tu es la seule à me donner les réponses
Aux questions que je me pose
Tu es devenue ma virose
J'ai appelé une sorcière
Lui quémandant un sortilège
Pour te rendre moins sévère
Mais elle m'a répondu « sacrilège ! »
En me lançant un sort
« Elle t'oubliera
Lorsque l'aube se pointera
Tu ne seras même plus un souvenir
Voilà donc pour te punir
De l'avoir laissé filer
L'antidote : un simple baiser
Mais nous deux savons que plus jamais
Ton vœu ne sera exaucé »
Quand je me suis réveillé
J'ai interrogé mon miroir
Quelle triste réalité
Quand j'ai su que je ne vivais plus dans ta mémoire
Les jours ont défilé
Tout comme les images de nous deux
Les semaines se sont écoulées
Tout comme les larmes sur mes yeux
Fou de rage
Je m'en suis allé dans cette forêt
Rattrapé par l'âge
Je me suis effondré à tes pieds
Tu ne m'as pas reconnu

Pourtant j'ai perçu à ton regard
Ton intérêt pour moi, l'inconnu
Tu pleurais, l'air hagard
Puis nous nous sommes assis sur un rocher
Où là tu m'as raconté
Que ton chevalier
N'était guère celui qu'il prétendait
Hésitant, j'ai attrapé ta main
Et murmuré ces paroles :
L'amour de ta vie viendra un matin
Ne sera pas repoussant telle la vérole
Il te couvrira de baisers et d'or
Et te choisira encore, et encore, et encore
Malgré tes erreurs, jusqu'à sa mort
Tu m'as interrogé
« Avez-vous une muse ? »
Et tristement je souriais
En répliquant qu'elle était partie
Que je l'avais trop étouffée
Trop barricadée
Que je regrettais
Chaque instant à ne pas la faire briller
À sa juste valeur
Que je ne m'étais pas assez battu
Que je n'étais pas à la hauteur
Soucieuse et émue, elle m'a embrassé
Déboussolée elle a bafouillé :
Me revoilà mon amour
Je me souviens à présent
Que par le passé nous étions des amants
Je relate tes paroles d'antan
Où avant de m'endormir tu me chantais :
Qui devra se retrouver se retrouvera
Et tu m'enlaçais en remontant délicatement sur moi les draps…

Trois petites secondes de courage

Si j'avais eu ces trois petites secondes de courage… Je t'aurais abordé au coin de cette rue ou bien dans ce café bondé. Un sourire se serait dessiné sur ton joli minois parce que je te complimenterais sur ta tenue. Aux premiers abords, nous aurions échangé quelques banalités, mais j'omettrai de dire à quel point j'aimais déjà tes cheveux tressés. Je prétexterai une ruse afin que tu me donnes ton numéro, et plus tard, par hasard, nous nous serions croisés à une sortie de métro. Tu te serais dit « tiens, de nouveau la personne du bistro ? » et c'est moi à mon tour qui aurais souri. Je t'inviterai à dîner, tu prendrais ton plat préféré et je goûterais au tien parce que mes actions n'auraient pas été désintéressées : je voudrais connaître la personne que tu es. Nous converserions sans s'arrêter, à divaguer sur des sujets concernant tout et n'importe quoi, mais surtout de toi. Et puis je te ramènerai à pied. Littéralement, car tes pieds souffriraient de tes talons que tu porterais toute la journée. Nos mains s'effleureraient timidement. Arrivés devant ta porte, tu me regarderais étrangement et j'hésiterai à t'embrasser délicatement, me demandant si était-ce trop tôt ou bien trop tard. Mais souviens-toi de ces trois petites secondes. Mes lèvres pourraient rencontrer les tiennes, une charmante rencontre d'ailleurs, emplie d'une douceur à apaiser un cœur, ainsi que nos lèvres auraient valsé ensemble dans une danse effrénée et passionnée. Nous n'aurions pas fait l'amour, cependant, car nous attendrions le bon moment. Nous préférerions que nos corps se désirent un peu plus longtemps afin que le plaisir s'éternise pour un temps. J'admirerais la femme que tu projettes, et tu admirerais l'homme qui avait osé t'aborder. À deux, l'amour serait sans contrainte, tu ne connaîtrais plus les plaintes. Enfin, sur ton canapé, les bougies allumées, devant notre nouveau film favori, nos peaux se seraient convoitées. Je t'aurais tendrement caressé, d'abord sur tes épaules nues puis sur poitrine rebondie qui s'abaissait rapidement. Je me serais attardé sur tes tétons qui pointeraient au contact de mes baisers mouillés. De te voir si excitée, je pousserais un râle de te savoir si émoustillée. Mes doigts entreprendraient une sympathique balade sur tes courbes alignées tandis que ton souffle s'accentuerait. Plus tard, nos hanches s'emballeraient dans une frénésie démesurée, mais enflammée. Il n'y aurait pas que nos corps à se toucher, mais nos âmes également, à se mélanger, à se guérir de certaines blessures qui nous faisaient trop souffrir, mais dont on n'aurait guère parlé… Nous aurions terminé nos ébats par quelques baisers échangés et je me serais remercié d'avoir écouté mon adrénaline à dépasser ces trois secondes d'hésitation.

Mais je suis resté là. Assis sur ma chaise. À te regarder partir, t'en aller loin de moi. À te regarder partir avec une potentielle idylle. Je suis demeuré pantois. Sans toi. Parce que pour plonger dans ces trois petites secondes, il en faut, du courage. J'étais encore dans mes pauvres enfantillages, à ne pas succomber, à ne pas me laisser tenter. Tu imagines, tout ce que je perdrais ? Pourtant, ce n'était que trois petites secondes à franchir…

Rupture

J'suis pas habituée à ça... Et j'te cherche encore du regard. J'te cherche au coin d'une rue ou à ce fameux parc spectateur de notre premier baiser un peu saccadé. J'te cherche dans nos messages, dans nos soupires et nos sourires, dans nos moments de tendresse et de délicatesse... J'te cherche parce que tu n'es plus là, qu'après tout cela j'ai complètement perdu et oublié tous mes repères. J'suis comparable à un chien apeuré, la queue entre ses pattes, ne sachant pas retrouver le chemin de sa maison. Ma maison... elle était aux creux de tes reins et de tes bras. Quand on faisait l'amour sur un lit un peu bancal et que nos souffles étaient irréguliers, quand nos joues étaient rougies par le désir et le plaisir ; c'était mon cocon, ma chambre, notre intimité, mon jardin secret. Cette envie de fonder un futur a totalement été souillée par ce motif de rupture douloureuse, cette absence inespérée d'efforts et de sérieux... Mais j'ai compris que le nid douillet dans lequel j'étais demeurait purement provisoire. L'oiseau doit à un moment donné voler de ses propres ailes afin de construire soi-même son nid, devenir autonome, entreprenant, et sûr de lui. Alors malgré tout, malgré le choc de devoir quitter le navire de manière prématurée, je reprends pied. Je le dois, pour toi comme pour moi. Je n'en retire que du positif de cette expérience intéressante, et également une critique complètement légitime et constructive. Mûrir ne suffit pas, c'est avancer qui est nécessaire : tirer un trait une bonne fois pour toutes sur un passé trop présent. Je m'élance donc, légèrement criblée de plaies, mais ce n'est que superficiel. La vraie récompense est ailleurs, un peu lointaine, mais à la fois à portée de mains.

J'ai compris.

À mon premier amour.

69

Enfance rime souvent avec souffrance

Le danger
Quand tu es
Une petite fille égarée
C'est de tomber
Sur certains hommes
Beaucoup plus âgés
Ils te diront
« Tu es mature pour ton âge ! »
Ou répliqueront
« Montre tes seins, c'est pour que tu aies plus confiance en toi
Mes compliments vont te donner de l'émoi »

Ta naïveté n'est pas une honte
Il faut juste que tu l'affrontes
Que tu fasses davantage attention
En leurs intentions
Qui la plupart du temps
Sont dans un cadre malveillant.

J'aimerais dire à cette petite fille
Que ça ira
Et que même si c'est délicat
Qu'elle ne s'en fasse pas
La lumière renaît toujours
L'obscurité n'est que temporaire
Et que même si elle perd la notion des jours
Elle parviendra à forger ses repères

J'aimerais dire à cette petite fille
Que le tunnel a bien une fin
Que le trou noir s'est finalement refermé
Qu'il n'est ni infini ni incertain
Que ce n'est qu'une tempête à affronter
Que même si la tornade l'emmène très loin
Elle saura retomber sur son chemin…

Une épave qui se déprave
C'est mes sentiments que tu entraves
Tu es mon enclave
Je suis ton esclave

Prisonnière dans une cage dorée
Je suis ta « chérie » adorée
Plus rien n'est ordonné
Dans ma tête et mes pensées

Quand pourrais-je m'échapper ?
As-tu au moins l'intention de me libérer ?
Tu n'es que le vulgaire profiteur de ma naïveté
En volant ce qu'il me restait de mon enfance fracturée

Avoue-le : tu tires sur la corde sensible
En ayant connaissance de mes peurs
Qu'est-ce que je suis risible
En pensant que j'ai pu voler ton cœur

J'aurais dû réaliser
L'écart aberrant entre nos âges
Tu m'as manipulée
En m'entraînant dans tes rouages

Ce n'est pas normal
Qu'un adulte s'intéresse à un enfant
Tu es un animal
À t'extasier sur un corps grandissant

À peine adolescente
Que tu me sexualises déjà
À peine adolescente
Que tu me bousilles déjà

Que vais-je donc bien pouvoir dire
Face à une telle traîtrise
Un adulte est censé être responsable
Pas être un potentiel pédophile, c'est regrettable

Je me suis sentie si honteuse
D'avoir cédé
Tu me traitais de pleureuse
Alors que je n'étais que la victime amoureuse

Tortionnaire
Offenseur
Tu te prenais pour un défenseur ?
Pour celui qui me ferait aimer mon apparence ?
C'est de la tienne dont j'aurais dû me méfier
Toi qui à des kilomètres, puais l'insécurité.

Apocalypse

Ça existe le covid pour le cœur ? Parce-que je ne ressens plus rien. Et ça dure combien de temps ? Parce que j'me sens plus bien.

Les symptômes depuis bien trop longtemps, fallait bien que je me teste. Sans grande surprise je suis positive, cette maladie me deviendrait presque primitive.

Durant quelques minutes, j'ai hésité
J'avais vraiment envie de sauter
D'opter pour une solution aisée
Plutôt que de prendre une décision compliquée
Plonger dans les embruns
Nager avec les dauphins
Puis être assaillis par le froid…
Avoir le souffle coupé
Me raccrocher aux rochers
Ne pas y parvenir, sombrer
Compter jusqu'à trois
Et décider enfin de mourir…
Pourtant, il n'en fut rien
J'ai continué de contempler le paysage
En ressentant cette tristesse infinie
Qui ne partirait guère avec les âges
J'avais vraiment envie de sauter
De rejoindre les défunts
D'être enfin réunis et de ne plus avoir à me soucier
À me soucier des tracas du quotidien
De mes sentiments incertains
À l'égard de certains…
J'avais vraiment envie de sauter
De cesser d'être cette éponge émotionnelle
Qui engloutit toutes les pensées de chacun
Et qui ne laisse pas de place pour elle
La mer m'interdisait
Tandis que le vent chantait
Tous deux savaient

Que ce n'était pas encore pour aujourd'hui
Que je les rejoindrais
Pourtant j'avais vraiment envie de sauter
Mais
Je ne l'ai pas fait…

Anxiété

Elle revient en force,
Cette vilaine garce
Me fais saigner jusqu'à l'écorce
Pour que je me lasse
Et je crie :
Anxiété, anxiété
Ne reviens pas la nuit
Anxiété, anxiété
Ne deviens pas mon insomnie
Anxiété, anxiété
Ne gâche pas tout
Anxiété, anxiété
N'enclenche pas les remous
Mais elle est présente,
Elle me hante
Anxiété, anxiété
Pars aussi vite qu'un point de côté
Seulement elle persiste comme le hoquet.

C'est lorsque la nuit s'achève
Que s'ébruitent mes rêves
Pourtant bien réveillée
Ils m'éloignent de la réalité

Les illusions me bercent
Car la vérité me blesse
Comment ne pas sombrer dans le paraître
Quand mes sens sont inertes ?

Puis sans un bruit
Elles arrivent, oui j'parle des insomnies
C'est lors de ces moments que tout prend vie
Que j'ressens enfin l'envie

Alors mes mains griffonnent des lettres
Qui s'incrustent dans tout mon être
L'écriture pour seule compagnie
C'est la plus unique de mes amies

Et ça peut durer des heures
Dans cet univers où rien n'est un leurre
Où l'inspiration est maîtresse
Où les limites ne me tiennent plus en laisse

Les mots se jouent de moi et je me joue des mots
C'est un tour de passe-passe
Dans lequel jamais je ne me lasse
Même si en relisant mes textes j'tire un peu la grimace…

Et dans les méandres de mon âme
Je lui ai crié de s'en aller
De quitter mon corps rongé
Par les remords et les regrets
J'ai crié à mon âme
D'aller se fracasser ailleurs
De me laisser dans les ténèbres
De m'empêcher de songer au bonheur
Inexistant voire incomplet
Parce que je ne le mérite pas
Et que ça ne changera pas.

Et j'sens que ça bouillonne en moi, que j'ai besoin d'extérioriser tout ça. Prise d'un élan d'écriture j'espère ne pas faire de ratures. Par où commencer ? C'est toujours là que ça bloque à chaque fois. Tous les sentiments reviennent en bloc, ça fait un sacré choque quand j'y pense. L'amour m'encercle, m'enserre et me serre fort. C'est pas douloureux, c'est chaleureux, doux et beau. La tristesse parfois m'habite, au fond, elle est toujours présente et enfouie. La colère me prend quand quelque chose ne va pas, mais en général ça va. Ça va... Au fond j'sais pas. Y a cette écriture, cette musicalité qui me berce, m'entraîne, m'emmène sur une piste de danse imaginaire et me laisse me déhancher à travers les mots. Au d'ssus d'moi une boule disco tourne, elle révèle ses facettes, elle brille et fait briller les autres, mais elle a tendance à oublier qu'elle est importante, que c'est grâce à elle que les autres rayonnent. Elle s'oublie, fait plaisir aux gens, mais putain j'la vois qui s'éteint. La braise est trop humide pour rallumer la flamme. C'est comme mes joues en feu qui sont dévalées par ces perles d'eau. Des perles qui pourtant ne valent pas cher, mais qui sont cruciaux. Un mal-être constant et comme une constante en mathématiques je n'arrive pas à résoudre le problème alors j'abandonne aux premières solutions insatisfaisantes. J'comprends la métaphore, mais pour l'hyperbole tu m'excuseras j'aime pas exagérer. « Des questions sans réponse », mais faut poser les bonnes, faut être précis et pas rester dans l'flou, sinon change de lunettes et réessaye encore. C'est un cercle vicieux, ça revient et repart alors j'jette mon compas, j'ai décidé de tracer un trait avec ma règle comme on trace un chemin. J'avance, mais il m'arrive de gommer certains trucs. J'suis sans cesse incertaine, c'est pour ça que j'écris mon histoire au crayon à papier. Il y en a ils prennent leur stylo à plume, ils sont si sûrs d'eux ! Bon sang comme je les envie, avec mes pauvres yeux de merlans frits. Et ça me rend un poil pathétique, j'devrais être moi-même, mais comment savoir ce qu'on est si intérieurement on n'existe pas ? Mes mains qui tremblent et mes pieds qui s'agitent j'ai tellement l'excitation de faire quelque chose, écrire, danser, chanter, sourire, naviguer dans les yeux océans d'un certain garçon, faire l'amour, le créer, le construire et l'unir. Un besoin de s'évader, voyager, vivre et mourir. Mourir d'amour, mourir de rire et parfois de peur. Je veux être l'une des étoiles, car si un jour j'disparais, personne ne s'en rendra compte, j'm'éteindrais doucement, calmement, et y aura pas de gens tristes, pas de gens malheureux et bouffés par la culpabilité comme moi j'l'ai été. On veut donner un sens à la vie comme j'essaye de donner un sens à ce texte. Mais le truc c'est qu'il n'y en a pas. Arrête de toujours vouloir trouver une explication. Assume que souvent on ne peut rien conclure et que c'est comme ça. Faut savoir profiter du moment, du présent, de l'instant. Alors c'est c'que je fais, mais cet écrit prendra bientôt fin, c'est malheureux parce qu'au fond j'ai pas envie de mettre un point. J'me dis que d'autres nouveaux mots remplaceront les anciens… Seront-ils à la hauteur ? J'n'en sais rien.

La brume s'épaissit,
Elle m'enlaidit.
Seule dans le noir,
Me voilà en être couard.

La mélancolie du piano,
Le murmure de l'eau...
Et la tendresse des adieux,
Me brûle comme le feu.

Le brouillard prend du terrain
J'essaye de m'en libérer, en vain.
Le vent s'agite et me fouette,
Mes jambes s'effondrent à l'aveuglette...

Mes paupières s'affaissent,
Les ténèbres s'enfouissent dans mon corps.
Et dans une dernière prouesse,
Je crie : « vous n'aurez pas ma mort » !

...

Quel prélude décevant,
Quand on me voit, c'est plutôt flagrant.
Des rimes faciles,
Pour un esprit si versatile.

Qu'en est-il de ces soirées,
Où j'étais inspirée ?
Qu'en est-il de ces promesses,
Échangées dans la tristesse ?

Qu'en est-il de ces paroles muettes,
Qui sombrent dans cette tempête ?
À quoi servent les mots
S'ils ne pansent plus mes maux ?

...

Cette forêt menaçante m'entoure,
Et la lune, perçante, m'éclaire le parcours.
Je me relève criblée de plaies,
Et observe les étoiles, tout autour.

Le loup hurle à la mort,
Et moi je pleure à la vie,
Il est celui qui mord,
Et moi celle qui survie...

Lorsque tu es ton propre fardeau
Tu ne peux pas te reposer
Tu es dans l'incapacité
J'ai l'impression qu'à chaque fois que tu tombes
La charge devient encore plus lourde à porter
Et tu creuses un peu tous les jours ta tombe
En espérant secrètement que quelqu'un vienne te délivrer.

Mélancolie

Est-ce que toi aussi
Tu l'as rencontré de façon inattendue ?
Est-ce que toi aussi
Elle t'a mise à nu ?

T'a-t-elle déjà pourfendu.e
Déchirer ta chair ?
T'a-t-elle déjà mise à la rue
Avec comme seul abri cette immense colère ?

Est-elle apparue un soir
Où tu t'y attendais le moins ?
Est-elle apparue devant ton miroir
Pour se délester de ton regard incertain ?

L'as-tu laissé entrer
Ou bien a-t-elle forcé ?
L'as-tu donc chassée
Ou bien l'as-tu gardée ?

Se transforme-t-elle en un jour de pluie
Dans laquelle tu n'as plus de motivation ?
Se transforme-t-elle en monstre de la nuit
Dans laquelle tu choisis la capitulation ?

Arrives-tu à t'en défaire
Alors qu'elle fait rage en toi ?
Arrives-tu à respirer l'air
Alors que tu es tout près de moi ?
T'enserre-t-elle ton corps
Qui vibre négativement ?
T'enserre-t-elle encore
Quand tu gueules intensément ?

Vient-elle lorsque tu fermes les yeux
Et que tu pousses un soupir de lassitude ?
Vient-elle lorsque tu t'entoures d'eux
Et que pendant une fête tu changes d'attitude ?

Avoue-le
Elle est partout
Avoue-le
Elle c'est un tout.

J'm'enfonce dans une mélancolie sans nom
Dans un état où j'en oublie même mon prénom
Où mes pensées ne sont pas de renoms
Où j'utilise « déprimée » comme un surnom

Envie de tout et de rien
Envie du mal et du bien
Envie de néant et de trop-plein
Envie d'un peut-être et d'in(un)certain

Sauf qu'un jour on sera vieux
Sauf qu'un jour on d'viendra pieux
Et là ce ne sera plus un jeu
On s'ra rattrapé par les enjeux

J'veux sauter dans l'eau par-dessus la falaise
Goûter encore aux délicieuses fraises
Ne plus connaître les malaises
Du fait d'être mal à l'aise

Mais le temps me fait peur
Il me nargue en m'disant « c'est peut-être ton heure »
Alors j'suis tétanisée par ce leurre
Prise par l'inondation de mes pleurs

Sauf qu'un jour on sera vieux
Sauf qu'un jour on d'viendra pieux
Et là ce ne sera plus un jeu
On s'ra rattrapé par les enjeux

J'ai l'esprit vagabond
Un cœur furibond
Mes seules idées pour raison
Je tombe en pâmoison

Mes songes sont aussi noirs
Que ce que je vis comme histoire
Face à ça j'me rends que couard
Comment veux-tu réagir quand on t'traite de bâtard ?

Sauf qu'un jour on sera vieux
Sauf qu'un jour on d'viendra pieux
Et là ce ne sera plus un jeu
On s'ra rattrapé par les enjeux

Lassée par toutes ces conneries
J'm'éloigne de ces âneries
J'change de crèmerie
C'est une nouvelle ère que j'bâtis

Il est temps de rallumer les étoiles
De dépoussiérer quelques toiles
De me trouver, qu'enfin j'me dévoile
Puis de prendre le large tout en sortant la voile.

La Vie ou la Mort

Tout s'est passé très vite : j'ai vu cette femme désespérée sauter par-dessus un pont abandonné. J'm'en souviendrai toute ma vie c'était un temps affreux où il pleuvait comme jamais. J'sais pas ce qui lui a pris, elle a passé un pied par-dessus la rambarde. Elle avait le cœur scalpé par une vilaine écharde. Elle pleurait à chaudes larmes et hurlait qu'elle allait en finir. J'saisissais pas pourquoi elle voulait mourir. Mais elle paraissait décidée à passer de l'autre côté. Ses poumons s'oxygénaient pourtant, sauf qu'elle, elle maudissait le fait de respirer. Tout ce qu'elle désirait c'était d'avoir le souffle coupé. S'écraser par terre. Ressentir violemment le choc. Ressentir. Pour une fois. Une dernière fois. Je n'ai rien pu faire pour elle, vraiment. J'l'ai observé de loin, elle était déterminée, c'était comme un intense besoin. Et là le drame, elle a passé le second pied, puis elle a sauté. J'ai crié de toutes mes forces et j'me suis effondrée. Pourquoi ? Pourquoi avait-elle fait ça ? Pourquoi s'ôtait-elle la vie, juste là ? J'm'étais dirigée jusqu'au cadavre. Que cette femme était belle, sans évidemment toutes ces ecchymoses. Elle adorait jouer du violoncelle, mais personne ne l'écoutait. Elle dessinait parfois, des miroirs, des trottoirs, de l'abstrait, du plus concret, des amoureux volages, mais pas un instant son visage. Un manque de confiance, voire d'assurance. Une peine immense et un brin d'insouciance. Une âme d'enfant encore bloquée dans un corps d'adulte. De toute cette histoire, qu'est-ce qui en résulte ? Encore un esprit désemparé, encore un être non consolé. Encore une présence déchue, encore une absence vécue. Des bouleversements, des retournements. Un père absent, des hommes violents.

Et puis j'ai été stupéfaite quand j'ai reconnu ce manteau gris. Il m'était familier, mais j'avais du mal à m'en rappeler à cause de la pluie. J'continuais de me questionner : pourquoi s'est-elle suicidée ? J'me suis timidement rapprochée, redoutant ma découverte macabre. Et c'est enfin que j'ai réalisé.

Putain.

Cette femme...

... c'est moi.

Je flottais au-dessus de mon corps, comprenant ma mise à mort. Au loin j'entendais des gens s'affairer, ils étaient effarés. Et puis s'est rapidement enchaînée la sirène des pompiers, apparemment ils tentaient de me réanimer. Je volais toujours à mes côtés, j'avais qu'une envie, c'était de crier. Le sang affluait, ma vue me dégoûtait. Comment avais-je pu, moi qui n'étais pas repue, pas rassasiée de la vie, décider de tirer ma révérence cette nuit ? Comment avais-je pu prendre ma voiture, m'arrêter au bord de la route, couper le contact, après avoir quitté ma cure ? Le pire, c'est que j'étais sur la bonne voie. Je me droguais de moins en moins, les diagnostics étaient plutôt encourageants. Comment ai-je pu ? Quel courage, n'empêche, de prendre une telle décision dans laquelle il n'y a pas de régression...
Je n'avais qu'une seule envie en voyant mon corps inerte : de vivre. De vivre, de me battre pour cette femme à même le sol, bafouée par la douleur et ses sens en alertes. Continuer, s'accrocher. Mais pas sauter, non... On m'a mise sur un brancard et j'ai su que tôt ou tard, il fallait faire un choix. Celui de ne pas suivre l'ambulance, ou de la suivre. Purée quelle ambivalence !! Les flashs m'aveuglaient, j'étais perdue, si seule. Mon corps m'a vraiment choqué. Le voir dans un tel état...
Quelques bribes de conversations me remontaient en mémoire. Quelques brins d'espoirs... Quelques mots de mon meilleur ami, rempli d'amour, fier de mon parcours, parce qu'il a été compliqué et

m'a mise en grande difficulté... J'pouvais pas le laisser, j'voulais pas le décevoir, j'voulais pas qu'il s'engouffre dans ce désespoir. Il ne méritait pas de vivre avec ma mort après tout le soutien qu'il m'avait apporté et qu'il m'apportera encore...

Alors j'ai suivi l'ambulance pour réintégrer mon corps.

Naissance d'une étoile

Cette nuit-là, le ciel m'a pris l'un de mes plus beaux rayons de soleil.
Dès lors j'ai compris que rien n'est éternel,
Et que d'un battement d'ails,
Tout peut s'effondrer.
Cette nuit-là, le ciel m'a pris l'un de mes plus beaux rayons de soleil.
Tu t'es envolée vers la Lune, celle que tu admirais tant et qui s'encrait dans ta peau.
J'en étais presque jalouse, mais c'était ton rêve de la voir de si près, pas le mien, et je trouvais ça beau.
Cette nuit-là, le ciel m'a pris l'un de mes plus splendides rayons de soleil, celui-ci alors me réchauffait moins que d'habitude et ne venait plus briller sur le parquet luisant que nous occupions lorsque l'on jouait les diablesses.
Cette nuit-là, le ciel s'est pourvu d'un nouvel astre : le plus éclatant.
Je demeurais envieuse : tandis que la lumière s'éclipsait me laissant seule, l'obscurité se dota de sa plus magnifique des illuminations.
Et c'est de cette manière qu'une étoile est née au-dessus de ma tête.
Et c'est de cette manière qu'elle est devenue ma préférée...
Rien ne se perd, rien ne se crée, tout se transforme...

J'aimerais avoir une pensine comme Dumbledore
Pour pouvoir faire à nouveau revivre les souvenirs
Dans lesquels il n'est pas question de ta mort
Où au contraire tu vis, tout sourires

J'aimerais avoir une pensine comme Dumbledore
Pour me plonger dans une ancienne réalité
Parce que j'en redemande encore
D'être ta petite fille adorée

J'aimerais avoir une pensine comme Dumbledore
Pour raviver l'éclat de tes yeux
J'aimerais posséder de la mandragore
Pour apaiser les douleurs de ton corps calleux

Hors de question d'utiliser le sortilège « oubliettes »
C'est les seuls instants où j'étais une vraie fillette
Cependant je lèverai au ciel ma baguette
Pour un dernier hommage, c'est ma dernière requête

Tu me manques chaque jour qui passe
Ce sentiment si triste, je m'en lasse
Mais à travers ton absence
J'apprends à écouter les silences.

Profondeurs abyssales

Je tends toujours vers les extrêmes : hier, j'avais l'envie irrépressible de partir, de mourir. Aujourd'hui, je veux vivre et croquer la vie à pleines dents. C'est comme ça avec moi : je danse dangereusement avec un pied sur un fil fragile et instable. Et à tout moment : je bascule de l'autre côté.

La pluie
S'abattait sur les fenêtres
Les gouttelettes
Glissaient
C'était un concours
De laquelle
Arriverait en première
Mes larmes
Semblaient vouloir
Concourir également
Mais elles étaient
Salées
Et donc
Elles ont été disqualifiées
Qualifiées
D'impures
Comparé aux perles d'eau
Douces
Injustice
Parmi l'eau
Préjudice
C'est souvent
Le sentiment
Naissant
Face à autrui
Que je ressens
Un concours
Dans lequel
Je perds déjà
Sans même avoir participé
Une seule fois

102

Le poids des maux, le poids des mots, le poids de moi… une charge trop lourde qui n'en finit pas.

Mais je ne veux plus être quelqu'un de forte !
Je ne veux plus avoir à supporter ces souffrances
Non vraiment j'ai atteint mon seuil de tolérance
Je ne veux plus lutter contre le poids
Oppressant du vécu et d'être moi
Je ne veux plus être quelqu'un de forte
Je voudrais juste passer la porte
Pas me la ramasser en pleine gueule
Ni même m'envelopper dans un linceul
Je crie à la lune
Que j'abandonne et baisse les armes
Mais elle me répond sans rancune
Pensant que je m'excuse, vu mes larmes
Alors je crie au soleil
Qui me sourit, me dit « tu mourras vieille »
Physiquement du moins, mais pas mon âme
Elle est déjà morte

Morne

Vide

Flottante

Triste

Dans l'attente

Encore

Toujours

Jamais.

Mes émotions m'empoisonnent
Et de par leurs griffes elles m'emprisonnent.
Perdue au confluent de mes larmes,
Mes mots sont des armes.
La vague m'ensevelit,
Alors je me noie et m'assombris.
Un voile de nuages passe dans mes yeux
Tandis que l'obscurité s'empare de moi.
Mon esprit, tremblant et peureux,
Se cache dans les abysses de cet océan poisseux.
Les tourbillons de mes sentiments,
M'enfoncent encore plus loin dans mes tourments.
Les cadavres de mes maux gisent sur le sable,
Les lophiiformes viennent ronger ce qu'il en reste de potable...
Remonterais-je un jour à la surface ?
Ou suis-je condamnée à ne faire que du surplace ?
Ici tout est sombre et n'est que froideur,
Puisque n'habite là que la peur...
Un marin viendra-t-il me sauver ?
Repêcher mon corps afin de l'enterrer ?
Ou suis-je prisonnière pour toujours dans ce cercle vicieux et ces fonds océaniques ?
Pourtant je ne suis que tout le contraire, c'est à dire volcanique.
Je finis par bouillir et exploser,
Mais il n'y a personne pour m'implorer
De me stopper...

Parfois

Il arrive que le vent

S'éveille en moi

La mer se réveille alors brutalement

Et vient s'éclater contre les rochers

Ceux-ci se déchirent lamentablement

Un peu comme mon cœur à chaque battement

Lorsqu'il y a une tornade

Que tout est fade

Je m'en vais me réfugier

Auprès des arbres

Pour trouver un peu de paix

Ils sont un bouclier

Contre le brasier

Qui s'échappe

De mes pensées

Mon être

Est une nature

Sauvage

Et indomptable

Un incendie

Une averse de pluie

Ou de larmes

Ou tout à la fois

Parfois

Par foi

Je me perds dans une jungle

Les lianes

Ou les rochers

Se raccrochent à une once
De lumière
Pour n'en faire que poussière
Parfois
Je me perds dans mon propre désert
C'est vide et immense
Et il fait chaud
Mais ça ne me réchauffe pas
Au contraire
Ça fait froid
Dans mon dos austère
Je suis une montagne
Je coupe le souffle
Pas par ma beauté
Mais pour mon immensité et mon intensité
L'oppression
La dépression
La rébellion
Un volcan
Qui entre en éruption
Qui se contient
Se contient
Puis qui explose sans prévenir quelqu'un
Je suis toutes ces choses
Mais rien à la fois, parfois
Je me retrouve donc très très loin
De la réalité du quotidien.

Ode à être et ne plus être

J'oserai enfin gueuler toutes ces choses que l'on ne s'est pas dites
Je crierai si fort dans tes oreilles que tu en choperas une otite
Pour te dire que je ne suis plus cette « petite »
Que désormais nous sommes enfin quittes

Je délaisserai ce chemin qui ne me correspond plus
Et promis, je ne serai plus soumise lors de ta venue
J'dirai au revoir à la vue sur le Super U
Pour embrasser cette nouvelle vie, super émue

J'deviendrai cette sœur dont tu n'auras plus honte d'évoquer
Je m'émanciperai de tes a priori non fondés
Je serai cette femme libre et divine
Dont tu seras si fier de me présenter

Je me métamorphoserai, moi, ta fille
À devenir la plus splendide des jonquilles
Aussi belle à l'extérieur qu'à l'intérieur
Tout en gardant ce que tu m'as inculqué : mes plus jolies des valeurs

Hors de question d'être ton trophée
Où tu serais heureux de m'avoir pourchassé
Jamais tu n'arriveras à faire de moi ta proie
Car je ne me laisserai guère tenter par tes piètres appâts

Je ne me qualifierai
Plus du tout comme ta victime
Avec ce sentiment d'être illégitime
Ce n'est plus mes racines que tu décimes

Personne ne pourra m'empêcher
De chanter cette tirade
Ni d'interdire ma lumière de scintiller
Personne ne m'empêchera d'être cette dryade

Eau, Terre, Air, Feu
N'oublions pas l'esprit
Qui souvent s'embrase dans la nuit
Et qui régulièrement crache ses aveux

Voilà que je te conte cet hymne
Résumé en des phrases minimes
Lis bien entre les lignes
Parce qu'ils s'en cachent, des sens parmi ces vignes

Ode à mon miroir :
Bravo, ne te laisse plus choir
Ode à mon reflet :
Continue de si bien rayonner

Ode à mon cœur :
Félicitations, ne compte plus les heures
Apprends à profiter de l'instant présent
Pour ne pas regretter d'un passé trop pesant

Ode à mes mots :
Flânez, flirtez, touchez
Ode à mes maux :
Tournoyez, vivez, mais pas de trop…

Ode à cette enfant devenue grande :
D'accord c'est vrai que maintenant tu appréhendes
Seulement, gare à ne pas te perdre dans la lande
Je t'encourage dans l'écriture, vas-y scande

La vie est en mouvement
Perpétuel, bourrée de changements
Le corps grandit
Le cœur s'alourdit

Mais l'âme quant à elle
Ne cesse ne se répandre
Admire comme elle est belle
Quand elle sort de ses méandres…

Penser le monde et ses tumultes

Comment penser le monde si notre univers à nous est chamboulé ? Comment panser le monde si notre bulle se retrouve éclatée ? Être égoïste ou altruiste ? Moi je veux juste être une artiste, danser sur la piste... Écrire pour moi, tout en publiant pour les autres, est-ce de l'émoi ou elle et moi ? Elle, c'est cette plume qui me traverse et me transperce... On me demande ce que je veux être, à quoi je vais bien pouvoir servir ici-bas, alors que j'ignore encore qui je suis, juste Lisa. Mes textes sont en désordres, mes draps sont en désordres, ma tête est en désordre et mon environnement l'est tout autant... Je suis toujours contradictoire, comme si en réalité le problème, c'est moi. Parce que je l'entends qui résonne, ce tumulte. C'est aussi puissant que la tempête et les vagues qui s'échouent et viennent mourir sur les rochers alors que je suis en train de faire trempette. Le vent soulève mes cheveux et caresse ma nuque, pourquoi je me sens si apaisée face à la mer alors qu'en moi tout est amer ? Mon âme tremble et pourtant je n'ai pas froid, alors qu'est-ce, ce sentiment de désarrois ? À ma naissance des bras se sont tendus, la lumière m'a aveuglé, et maintenant ce temps est révolu. Je suis dans la pénombre, même mon ombre s'est enfuie, comment faire sans cette lumière ? Le tunnel me paraît sans fin, sans recoin, lisse, mais à la fois rude et rauque. Comment procéder sans ange gardien ? Comment ma bonne étoile peut-elle me suivre si le ciel est couvert de grisaille annonçant le tonnerre ? J'ai attendu des lustres dans le doute et l'incompréhension, en pestant contre tout le monde. Et comment définir un univers entier si le nôtre n'est encore qu'une esquisse dessinée au crayon à papier ?

Avant de penser, je dois d'abord comprendre les mystères et le brasier de cette Terre si austère. La vie qualifiée comme paradis pourtant pourquoi dire que c'est l'enfer sur Terre ? Je retombe sur les mêmes mots, car la vie est un cycle. J'ai sans cesse considéré le monde comme un concentré d'êtres humains, avec encore cet éternel débat d'égalité ou de différentialisme, avec pour même but : de vivre. Ici, ça grouille de partout : les âmes s'entrechoquent, se détestent ou s'aiment, se font la guerre ou la paix… Et je n'arrive pas à choisir entre ces deux-là. Je serai prête à combattre, enflammée dans l'âtre, pour des convictions qui semblent justes, tout comme je pourrai sortir le drapeau blanc pour éviter tout combat lancinant.

Quand on parle de futur, j'envisage déchirure. Quand on évoque le passé j'entends résolu et classé. Et lorsque l'on exprime le présent, c'est encore transparent… Même si physiquement nous vivons sur une planète, à l'intérieur il y en a plusieurs. Ce n'est pas net ? Chacun vit dans son propre monde, est-ce immonde ? Les visions sont différentes, dois-je être indifférente ? Parfois, quelques idées sont partagées, mais celles-ci peuvent être tout aussi bataillées. S'exprimer ou se terrer ? Renoncer ou élever la voix ? Être le fort ou le faiblard ? Penser le monde et ses tumultes… Pourquoi penser négativement ? Ou alors est-ce moi qui vois différemment ? Avant de participer à cette grande entreprise qu'est cet univers, je veux me dégager de cette emprise, m'affirmer et débrancher ce qui m'électrise… Faire la paix avec soi, quitter cette guerre, dormir enfin sur de la soie, et déserter cette ère seraient idyllique… Mais constate que, le hic, c'est que cela prend toute la vie de s'aimer et de s'accepter. Alors que faire, gaspiller son temps, si précieux soit-il, à se jeter dans la gueule du loup, ou prendre un chemin périlleux en finissant heureux ?

Mes récits se répètent et je m'entête à poursuivre dans cette voie-là. L'écriture me triture et s'en va de temps en temps. Mais ma passion coule dans mes veines, se mêle un peu à ma haine. J'écris hier, j'écris aujourd'hui et j'écris demain, parce que le monde est en perpétuelle évolution et nous aussi. La tempête s'est apaisée, tandis que le soleil s'est enfin levé. Les rayons éclairent ma chambre, et les ténèbres retourvnent à la poussière. Les vagues ne s'écrasent plus, mais déferlent gracieusement, et la pluie n'est plus aussi tranchante, mais tombe finement. Alors je pose fièrement, prête à affronter ce semblant d'humanité et penser enfin le monde et ses tumultes.

Spleen d'un mercredi

Mon âme s'égare
Veut prendre un train
Quitter cette gare
Loin de cette mélancolie à mon égard
Quand j'en sors la brume s'épaissit
Tombante comme un voile, elle m'enlaidit
Rend mes cheveux plus raides et mes mains plus froides
Mon cœur plus frêle et moins fleuri
Contre les rochers les vagues s'éclatent
Avec le vent mes joues sont écarlates
La pluie redouble : je me dédouble
Mon esprit crie, il me renie
Mon corps tremblant s'agite encore
L'esquisse d'une ombre apparaît
Lorsque de mes cendres je renais
Tu illumines ce brouillard pesant
Et fais disparaître ce moment gênant
Ma conscience s'éveille, s'enlève de sa torpeur
Tu me caresses pour que je n'aie plus peur
À travers des nuages, les rayons scintillent
Quant à mon spleen il se distille
Enfin, dans un mouvement lent
Ta main vient compléter la mienne
Avec plaisir je hume ton parfum d'encens
Et je prie fort pour n'être que tienne.

Tout perdre
Comme au poker
On croyait avoir un bon jeu
Mais le joueur d'en face en possédait un mieux
Par exemple

Parce que j'ai cru t'avoir perdu pour toujours…

Je n'étais jamais de ces fleurs qui étaient admirées en première, ni cueillies pour être reniflées, et encore moins photographiées afin de rester dans les souvenirs. En vérité, j'étais ce type de ronce agglutiné dans les cimetières tandis que mon âme errait entre les tombes, sans jamais trouver la sienne.

Je n'étais jamais ce tableau que l'on peignait avec tant d'amour, que l'on observait et analysait soigneusement, et encore moins ce tableau que l'on achetait pour sa collection personnelle. En vérité, j'étais ce type de croquis inachevé avec des traits tremblants et des ratures aux coins de la toile qui partaient en tristes lambeaux et dont l'artiste devenait fou et détruisait tout, insatisfait de ce brouillon qui ne l'emmènerait qu'à sa perte.

Je n'étais jamais ce joli vase qui trônait fièrement sur une cheminée en guise de valeur sentimentale. Non moi j'étais plutôt ce vulgaire pot brisé que l'on avait à peine daigné recoller correctement, façonné par des mains d'enfants, des mains qui ne se souciaient pas de la beauté ni de la forme parfaite de la sculpture.

Je n'étais jamais ce poème d'amour que l'on chérissait tant, qui faisait battre des cœurs et faisait tomber les gens amoureux, éperdument. Je n'étais jamais ces mots poignants et pertinents qui figuraient dans les programmes de français. Non, j'étais ces mots déconseillés, trop bruts et trop décousus pour pouvoir être lus.

Je n'étais jamais ce qu'il fallait être. J'étais toujours de trop, ou jamais assez. Toujours présente, mais jamais remarquée. Toujours souriante, mais jamais bruyante. Et surtout, toujours amoureuse, mais jamais l'amante.

116

… Parce qu'il y a des pensées invasives

Le plus éreintant quand t'es une personne qui pense trop, c'est que ton cerveau va imaginer des tas de scénarios dans lesquels les acteurs font partie de ton entourage, peu importe leur âge. Des scénarios dans lesquels même les personnages secondaires ont le droit à leur propre film, voire saga. Tu vas t'imaginer la mort soudaine d'un proche, et t'auras les larmes aux yeux rien qu'en y songeant. Mais je crois que le pire combo, c'est lorsque tu es, en plus d'être overthinker : hypersensible. Tu remarques le détail le plus insignifiant voire invente l'inexistant. De suite, tu vas rejeter la faute sur toi, du style « est-ce moi qui ai entraîné tout ça ? » Tout te touche, t'atteint. Tu t'élèves quand tu ressens le bien et tu t'écrases quand le mal survient. Je réalise qu'en écrivant ce texte, ce n'est guère aisé de mettre des mots sur ce que l'on est. Ce n'est pas une question d'égo, mais c'est plutôt qu'à partir du moment où on le vit, l'expliquer devient difficile.

Il y a aussi cette fâcheuse tendance à supposer que dès lors qu'on te porte un minimum d'attention, tu crois que la personne t'aime ou qu'elle a une quelconque intention. Puis les pensées vont se mettre à tournoyer dans ton esprit en prenant en otage tes nuits et en poussant en avant les insomnies… Ton cerveau ne se repose donc jamais. J'admire les gens détachés où le silence règne à l'intérieur d'eux. J'admire cette paix dont je n'ai pas le droit de vivre au moins une fois. Et quand j'arrive à m'endormir, ce sont mes rêves qui s'activent et traduisent mes pensées… Pourtant il existe des bienfaits à être hypersensible : le bonheur est multiplié, le corps vibre intensément, et les émotions s'accentuent davantage. Malheureusement, c'est pareil lorsque l'on songe négativement. Le cœur s'emballe, se tord, se serre, les yeux se mouillent et s'alourdissent… J'arriverai à combattre mes démons grâce à ma détermination. Je chasserai ce trop-plein et le réduirait en énergie vivifiante pour ne plus que cela me hante. Je métamorphoserais le « hyper » d'hypersensible en « modéré » pour les choses insensées. Et surtout, la naïveté se parera d'un peu plus de fermeté.

—

    —   à ton avis, pourquoi les choses sont-elles compliquées ?

—   parce que nous les rendons ainsi

                                  —   peut-être

Au début, je ne comprenais pas sa réponse. Comment peut-on se compliquer les choses ? Avec les pensées obsessionnelles ? En ressassant le passé ? Puis j'ai compris que l'on pouvait adopter des comportements de fuites, choisir la facilité plutôt que la difficulté. On a le choix, toujours. On a le choix de subir, d'avoir mal ou non. Je dirai que nous sommes, chacun, des videurs de boîte de nuit. Nous sommes à l'entrée d'un endroit où les gens s'amusent, chantent, rient et dansent et personne ne doit entacher cela. Alors nous décidons qui rentre ou non. Seulement, si nous sommes novices en la matière, nous pourrions nous faire berner par des gens en costards et en costumes, des gens aux premiers abords resplendissants, mais qui, dans leurs poches, dissimulent des seringues. Eh bien, j'ai tendance à croire que c'est un peu pareil dans la vie de tous les jours. Nous détenons ce fameux pouvoir. Seulement il est compliqué de le maîtriser, parfois même nous le repoussons, nous nous voilons la face... Oui. Je crois en effet qu'il nous arrive de complexifier les choses...

Les pensées obsessionnelles

Ma tête est une ville. Une très grande ville. Voire une capitale, oui. Paris, pourquoi pas. Ça fuse de partout, de n'importe où. Et même la nuit, c'est en continu, ça ne s'arrête plus. Évidemment, il y a pas mal de quartiers « chauds », où les pensées se font plus noires, plus transpirantes, peut-être même davantage inspirantes, mais surtout, qui craignent. Des odeurs d'alcool, du sexe, du sang, encore de l'alcool, bref, tout un pôle. Étonnement la noirceur ne me fait pas peur, je ne la fuis pas : je m'y noie. Parfois, lorsque je parcours les allées de mes tristes songes, il arrive que je tombe sur des personnes malveillantes qui me récitent leurs mensonges. Elles sortent un objet tranchant la plupart du temps et me plantent un couteau dans le dos, tout cela pour s'enfuir en courant lâchement. Dans ces moments-là, je m'effondre au sol et s'ensuit généralement un violent tremblement de terre dans lequel je m'affaisse plus loin dans la boue. Pour me sortir de cette panade, j'attends qu'elle sèche durant plusieurs jours ou semaines et je casse les croûtes pour me remettre sur la route. Je ne cesse de déambuler parmi les déchets de mes pensées. Les senteurs sont nauséabondes, me filent la gerbe. C'est un mélange de pourritures, de fioritures de détritus, d'aliments recrachés et de rêves refoulés, voire oubliés.

Il y a une ruelle que j'ai bannie. À vie. Une ruelle qui autrefois m'était habituelle. J'y allais très souvent, c'était comme un rituel. Il y figurait une personne en particulier, quelqu'un de familier. Néanmoins, elle s'est très rapidement transformée en un monstre macabre. Je me suis retrouvée bloquée dans ses bras qui me serraient si fort. Impossible de se débattre. Ma gorge ne pipait aucun son. Muette. Ses mains se sont aventurées un peu trop loin, dans une intimité qui était jusque-là encore privée, propre, innocente. Ses rats dansaient sur les trottoirs, tandis qu'il égorgeait mes cygnes, signe de pureté. J'ai détesté ces parties de mon corps, alors que lui en redemandait encore. Mes cuisses, mes fesses. Terrain inexploité où il s'est aventuré, qu'il a lacéré sans m'avoir interrogé. Comment aurais-je pu repousser un tel monstre, moi, du haut de mon enfance ? Dès lors que je me suis enfuie, c'est devenu une zone interdite. Y repenser c'est flancher et stresser. En revanche je ne peux empêcher mes idées de divaguer et mon corps de trembler…

Un cimetière a fini par se creuser, réunissant toutes ces atrocités accumulées, y compris celles dont je n'ai pas abordé. J'observe une poignée de tombes avec nostalgie, mais les autres, je les renie.

Toutefois, il se peut qu'un miracle pointe le bout de son nez. Ce phénomène, c'est la tour Eiffel le soir. En réalité, quand elle se met à briller, c'est la lumière qui me sauve de la misère. Et dès lors que je pose mes yeux sur cette merveille, les avenues s'éclairent. Les vitrines rouvrent, laissant échapper des fumets exquis de leurs cuisines. On y voit, attablés en terrasses, des gens heureux, qui s'embrassent, qui s'embrasent, qui dansent, chantent et rient. J'adore me balader dans ces endroits, je me sens plus vivante et souriante. Un regain d'énergie s'empare alors de moi. Les Champs de Mars est l'un de mes coins favoris. Des étendues d'herbes sur lesquelles on peut tranquillement se reposer. La verdure. La couleur verte. L'Espoir. Les envies, les amis, la méditation, la récréation, les animaux, les cours d'eau, les falaises, prendre mes aises…

Pourtant, malgré cette soupe de bonnes ondes, elle n'est pas délectable, car trop salée. Et oui, encore trop de pensées. Trop de doutes : l'ai-je assez bien assaisonnée ? Comment la refroidir ? D'ailleurs est-ce nécessaire qu'elle soit froide ? Puis-je la déguster chaude ? Ou tiède ? Comment, que faire ?

Hop. Coupure de courant. Une tempête menace, la pluie s'abat déjà. Ou seraient-ce mes larmes ?? C'est des torrents, dans tous les cas. Les égouts débordent. Quel dégoût. Ouais, voilà, le caniveau afflue, mon rythme cardiaque s'emballe… Les éclairs m'électrisent, me rendent lasse. À l'horizon, apercevrais-je une énième crise d'angoisse ?! Les métros s'entrechoquent dus à une perturbation sur le matériel et créent une panne générale. Attention il y aura du retard : prévoyez une absence d'inspiration et de motivation. Où sont les ouvriers qui sont censés tout réparer !? Mince, ce n'est pas aux autres de me sauver… Je touche à un fil histoire d'améliorer les dégâts, mais c'est le mauvais, alors naît ici un entrelacs. Dans quelle affaire me suis-je encore fourrée ! J'ai envie de tout abandonner, surtout qu'autour de moi la population s'impatiente. Pas grave : cette fois, je retente. Je prends du recul sur la situation et me concentre sur ma respiration. Peut-être que si je soignais ce câble, celui d'à côté pourrait bien cicatriser… Celui d'en dessous est mal en point, je n'en discerne rien… Et si j'apprenais à connaître son origine ? Qu'est-ce qui a fait pour que les causes l'impactent à ce point ? C'est bon ! J'ai réussi ! Les métros fonctionnent à nouveau et la foule se dissipe. Tout comme le brouillard… Ne demeurent que les nuages. Mes rouages s'actionnent, la balance tangue entre l'obscurité et la clarté. Et si je ne régule pas bien, que je ne fais pas confiance à mon instinct, je pourrais bien soit m'envoler, soit m'écraser… S'harmoniser est la clé. Forger dans les mines, pour trouver un juste milieu qui rend tout le monde heureux… Sauf qu'elles me guettent encore, ces fichues pensées. Elles m'envoient dans le décor, avec de faibles possibilités afin de me relever. Admirer les étoiles et la lune, mes guides, pour me retrouver ? La pollution de la ville, de ma tête, domine… De quelle manière dépolluer la toxicité et ces sombres ébauches déraisonnées afin que je puisse rejoindre ce chemin abandonné ?

… Parce qu'il y a des sensations que l'on n'oublie pas

Amnésie volontaire

Et parfois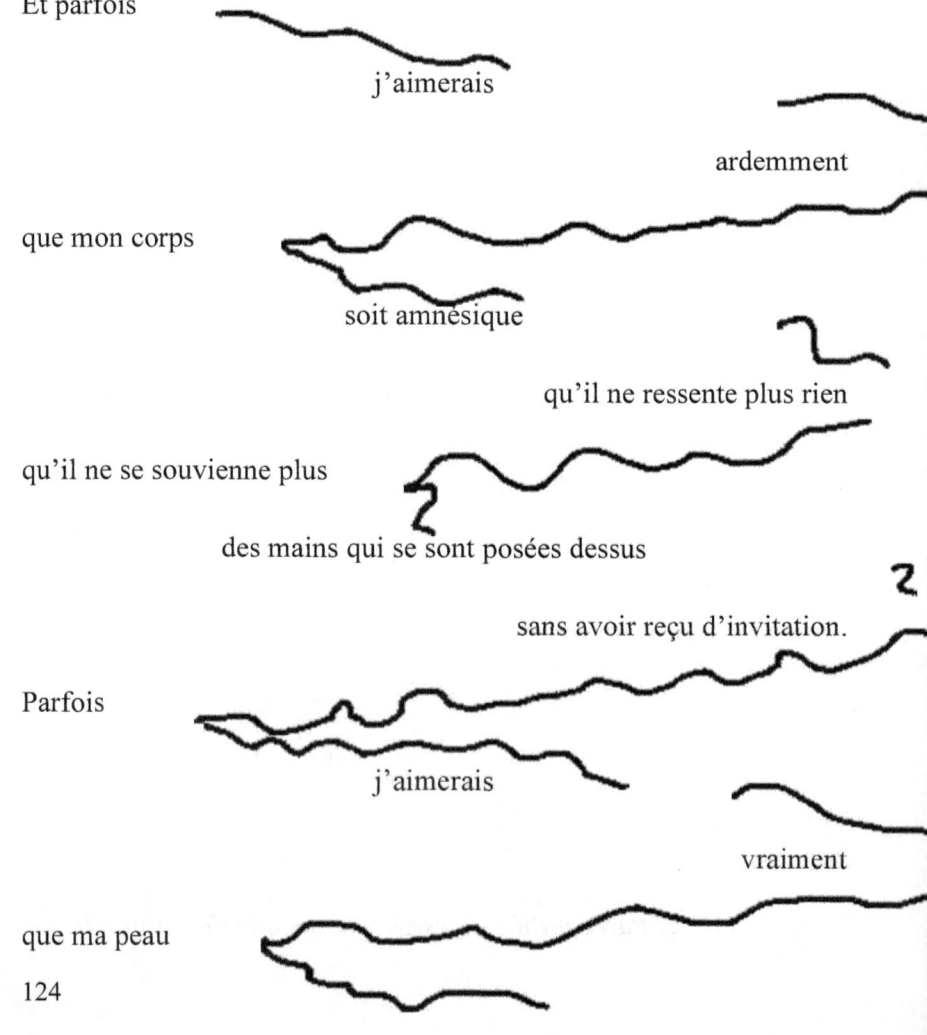

  j'aimerais

                        ardemment

que mon corps

      soit amnésique

                  qu'il ne ressente plus rien

qu'il ne se souvienne plus

            des mains qui se sont posées dessus

                        sans avoir reçu d'invitation.

Parfois

      j'aimerais

                        vraiment

que ma peau

se décolle

qu'elle brûle,

qu'elle brûle ces souvenirs,

ces sensations

de dégoût

profond...

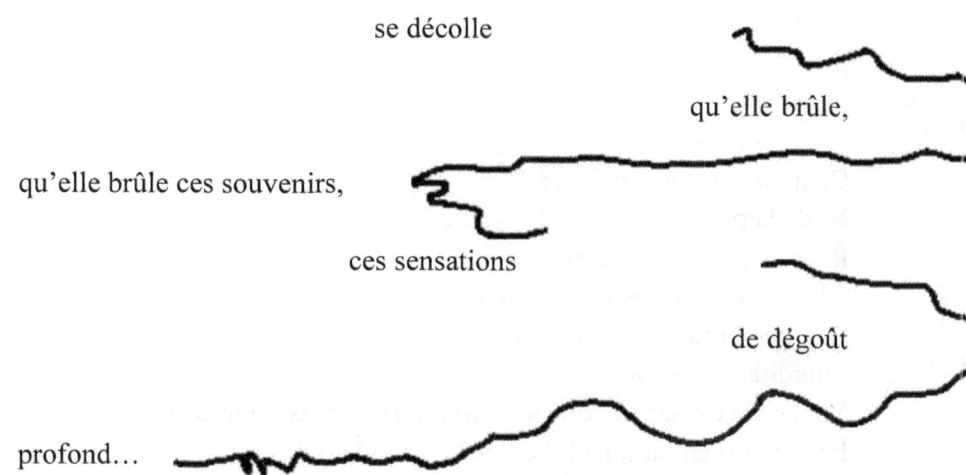

Ce n'était pas une caresse
Ni de la paresse
Encore moins une liesse
C'était des touchés non désirés
Une pénétration de ma peau
Interdite, défendue
Même si ce n'étaient que les cuisses, les fesses, tu m'as fendu
Est-ce normal qu'un adulte touche un enfant ?
Est-ce normal cette différence d'au moins cinquante ans ?
Est-ce normal ces questions gênantes ?
Dans lesquelles il ne fallait pas que je mente ?
Sauf à mes parents ?
Est-ce normal que tu me serrais si fort contre toi ?
Alors que je me débattais pour m'éloigner de tes bras ?
Est-ce normal ces verres d'alcool que tu me servais tôt le matin ?
Et que tu répliquais : « tu ne répéteras rien »
Est-ce normal ta main sur ma cuisse nue, dans ta voiture ?
Ou de tes doigts sur mes fesses quand je venais te dire bonjour ?
Qu'est-ce qui t'attire chez un bambin ?
Sa naïveté, sa crédulité, sa confiance en un pauvre crétin ?
Je ne suis pas ces putains que tu as mal traitées
Ni ces femmes que j'admirais tant que tu as souillées
Est-ce normal d'avoir réalisé bien tard
Que c'était justement anormal ces attouchements ?
Tu n'es que bâtard
Les traumatismes se sont éveillés
Me donnant des crises d'angoisses
Lesquels je lutte, m'en débarrasse
Est-ce normal, des années après,

Que ma peau soit encore marquée ?
Est-ce normal que les sensations
Se font toujours aussi fortes, aussi immondes ?
Est-ce normal de culpabiliser, d'avoir cette peur de mal interpréter ?
Je ne veux plus avoir peur lorsque je te croise,
Et être forte quand tu me toises
C'est fini, plus jamais tu n'entraveras mes pensées
Ni prendra possession de mon corps
Car s'il le faut, je résisterai jusqu'à ma mort
Mais hors de question que tes mains continuent de vivre dans mes lendemains.

Dégoût
Profond
Colère
Débordante
Peau
Marquée
Abîmée
Profanée
Souffle
Accéléré
Cœur
Tremblotant
Crise
D'Angoisse

Purée, ça recommence.

Il m'a touché
Omettant de prendre en compte mon consentement
Ça m'a touché
Créant des angoisses à répétitions et n'importe quand
Ne rien dire par peur : c'est non
Être mineur.e et influencé.e par un adulte : encore non
Se débattre : toujours non
Pourtant je n'ai pas su le formuler
Naïve, pensant qu'il allait cesser
Seulement il continuait alors que je m'effondrais
Ne rien comprendre sur le moment,
Réaliser en grandissant.
Que ça s'appelle attouchements.

Mon innocence a été avortée trop tôt.
Je n'avais même pas le choix des mots.
Il m'a imposé ce cadeau empoisonné :
Des sensations marquant ma peau
Qui laissent des cicatrices brûlantes, créant des maux…
Cela demeurera comme du fer forgé :
À vie, quelque chose de non contrôlé…

Un dégoût profond,
Persiste dans les tréfonds,
De mon âme abîmée,
De cette violation de mon intimité.
La bile dans ma gorge remonte,
Les tremblements naissants me font si honte…
Ma respiration s'accélère,
Je voudrais juste tout foutre en l'air !
Découper ces parties de moi,
Que je ressens avec tant d'effroi.
Une envie fulgurante de prendre une douche ou trois,
Pour en finir avec cette impuissance
De ne pas avoir agi en conséquence.

Inutile d'appeler Circé pour te transformer en cochon
Tu t'enlises déjà tout seul
Y'a qu'à te voir toi et tes agressions
À travers #Balancetonporc je déverserai mon aversion.

Labyrinthe

Acceptez que l'amour le plus véritable est celui que l'on se donne
Acceptez que la présence qui sera là toute sa vie c'est sa propre personne.

C'est la fin d'un temps
Le commencement d'un autre
Où les enfants souffrants
Se frayent une place parmi la nôtre

Voilà une société axée sur les notes
Au détriment d'un bonheur non-acquis
C'est fou que presque personne ne connote
Cette absence à cause des prérequis

Au loin une femme allaite un bambin
Dans les médias ça fait toujours polémique
Pourtant il ne se nourrit que de son sein
Pas de vos vulgaires produits chimiques

Qu'il y a-t-il de dégoûtant
Que deux âmes aux deux sexes qui s'aiment ?
C'est vous qui répandez la haine
Parmi les manifestations des militants

Voilà une société axée sur la réussite
Au détriment d'échecs novateurs
C'est fou que tout l'monde lance d'la dynamite
À la première venue d'une erreur.

Dans un coin poussiéreux de sa vitrine
Gisait une danseuse à ballerines
La boîte était abîmée
Sa couleur se salissait
La musique ne retentissait plus
Ou sonnait des notes déchues
Les toiles d'araignées s'additionnaient
L'objet ne valait même plus une pièce de monnaie
La danseuse à ballerines
Se terrait donc au fond de la vitrine
Celle-ci n'était pas éclairée
Et dangereusement, elle tanguait
La danseuse à ballerines
D'ordinaire coquine
Apparaissait frêle telle la bruine
Donc la danseuse à ballerines
Mourrait au fond d'une vitrine

Un jour comme les autres
Ou bien un samedi après-midi
Il y eut une fille
Ou plutôt une femme
Elle s'appelait Myriam
Son regard s'attarda
Sur une lueur divine
Malgré toutes les raisons repoussantes
Elle chassa son épouvante
Pour les bestioles aux longues pattes
Qui trônaient sur la boîte

Elle l'attrapa de sa main fine
Et souriait comme lorsqu'elle était gamine
Elle avait retrouvé
Dans une vieille boutique d'antiquité
L'un de ses plus beaux souvenirs
Qui patientait dans cette vitrine
C'était la danseuse de ballerines.

–   En vrai, prenez régulièrement du temps pour vous [...] Tapez votre meilleur karaoké, dansez sur votre canapé, allez boire un verre seul ou allez au ciné, méditez. Qu'importe. Mais apprenez à vous aimer parce-que vous êtes tous formidables bordel.

C'était ce p'tit bout de femme
Se trouvant infâme
C'était ce p'tit bout de femme
Se disant incapable
Qui était inconsolable
Insociable

Elle était bohème
Elle était ces « je t'aime »
Chantés trop tôt
Chantés à demi-mots
Chantés trop faux
Chantés pas beaux

Elle avait d'ce sourire enjôleur
Un cœur trop cajoleur
De l'amour à revendre
À des hommes pas très tendres
Qui pensaient qu'son corps était à vendre
Elle, elle voulait juste chasser ses méandres

Aveuglée par des soleils trop brûlants
Effrayée par l'obscurité grandissant
Perdue parmi ses sentiments
Se retrouvant dans ceux des autres
Qui la repoussaient continuellement
Puis tombait perpétuellement

Elle était une pensée innocente
Bafouée par des ombres menaçantes
Elle était une fleur des champs
Tondue précipitamment
Pour ne pas gâcher la vue florissante
Telle une mauvaise herbe envahissante

Elle était pas à sa place
Et même ailleurs c'était pas ça
Elle était un regard timide
Elle était une joue humide
Elle était jamais perfide
Mais toujours trompée, l'visage livide

Un peu maladroite
Les mains moites
Un front reluisant
Des yeux dits méprisants
Toujours les mains qui tremblent
Personne qui lui ressemble

Même le miroir se moquait
De sa gestuelle si hésitante
Même le miroir riait
De cette fille si inintéressante
Même le miroir criait
Qu'elle était si agaçante

Son monde c'était autrui
Mais pour autrui le monde c'était pas elle
Qui voudrait d'une femme aussi brêle
Rechignant la dentelle
Son monde c'était autrui
Surtout pas elle

On a tous une force en nous. Et si tu ne la discernes pas, dis-toi que c'est comme avec le soleil : parfois, on ne le voit pas parce qu'il est caché par les nuages, mais ça ne veut pas dire qu'il n'existe pas.

Plus rien n'est vivant
Dans cet organisme
La mort règne parmi le cataclysme
Qui survient dans le sang

Le corps tombe
Dehors, il pleut des trombes
Pendant qu'on enterre cette tombe
C'est d'un arbre que s'envole la colombe

La paix s'est enfuie
Laissant s'abattre la pluie
Les secrets demeurent enfouis
Il s'appelait Louis

Louis était cadavérique
Dernière destination : les pays ibériques
En compagnie de sa clique
Sauf qu'il y eut un « hic »

La maladie s'est propagée trop vite
Il s'est terré tel un ermite
Chassant tout le monde
Sauf ses pensées immondes

Les volets toujours baissés
Louis s'est renfermé
Plus de contact avec qui que ce soit
Pas même avec les draps de soies

Il gisait par terre
S'idéalisant une nouvelle ère
Dans laquelle il retrouverait sa mère
Envolée trop tôt dans les airs

Des convulsions à répétitions
Des dernières volontés avant sa perdition
« Propagez mes cendres dans l'océan
Qui se déposeront dans le néant »

Son souffle a ralenti
Ses paupières se sont alourdies
Un ultime murmure étourdi
Il s'appelait Louis.

Retour aux sources

As-tu déjà fermé les yeux en te concentrant sur ta respiration ?
As-tu déjà trouvé refuge en la méditation ?
As-tu déjà pris le temps de souffler pleinement ?
As-tu déjà ressenti ce sentiment exquis qu'est l'apaisement ?

Si ce n'est pas le cas
Assieds-toi
Il ne s'agit pas de faire le vide
Mais d'accepter ses pensées, même perfides
Comprends-les car rien ne sert de les chasser
Elles sont là, elles font partie de ton esprit
Apprends juste à vivre avec elles en harmonie

As-tu vraiment observé la nature ?
Pas celle bousillée, par l'Homme, de ratures
Mais les arbres, l'océan, voire un oiseau ?
As-tu vraiment regardé le balancement des feuilles ?
Ou appris les vertus qu'engendrent les tilleuls ?
As-tu vraiment porté un intérêt sur les pierres ?
Pas les cailloux, plutôt les cristaux ?
As-tu vraiment admiré ces maisons recouvertes de lierre ?
Où s'y trouvent un moulin à eau ?

Parfois il suffit d'ouvrir les yeux
De retirer le voile
D'apprécier ces cadeaux précieux
Que la vie nous dessine sur sa toile
Parfois il suffit d'écouter
Pour entendre le gloussement d'une rivière
Ou le piaillement des renards polaires
Lorsque la neige se dépose délicatement quand s'installe l'hiver.

Sur la grande place
Une statue de glace
Mais le soleil l'a fait fondre
Elle si fière dans les rues de Londres
Se liquéfie sans aucune grâce
Un enfant passe
Son père trépasse
Le gamin s'extase
Quant à son tuteur, c'est sa cigarette qu'il écrase
« Papa regarde ce bloc solide »
Alors que son père ne voit que cette flaque morbide
Les yeux d'un enfant
Sont les plus transcendants
Tandis que ceux d'un adulte sont transparents
Et ceux de ses descendants
Sont juste innocents

Un oiseau s'envole de branche en branche
S'acclimate au rythme des hanches
De cette femme sur talons aiguilles
Qui rumine d'être déjà Dimanche
La pie chante dans les airs
Chanson voilée par les voitures
Mais la femme préoccupée par sa manucure
Oublie l'oiseau qui tombe à terre
Et qui ne demande qu'à se relever
Seulement elle est déjà partie, écouteurs dans les oreilles
Laissant la pie pantelante, les cordes vocales coupées
Alors plus jamais elle ne pourra piailler

Ni faire découvrir sa mélodie au monde entier
Quelle triste réalité
Lorsque les gens
Ne vivent plus le moment présent
Et sont déjà obnubilés
Par un après
Qui n'existe pas encore.

Tu sais je te comprends
Quand tout est à feu et à sang
Où tout tourne autour de toi
Où sur ta tête s'effondre ton toit

Tu sais je te comprends
Quand tu baisses les bras
Pensant que tu n'y arriveras pas
Que t'es trop faible pour mener un combat

Tu sais je te comprends
Quand tu veux te remplir d'un amour
Qui n'est pas le tien
Mais celui de quelqu'un
Qui viendrait à ton secours

Tu sais je te comprends
Quand tu dis que tu es perdu.e
Où même les GPS les plus expérimentés
Feront qu'tu seras quand même paumé.e
À errer au coin d'une rue

Tu sais je te comprends
Quand tu pleures silencieusement
La peur de déranger les gens
En exprimant tes douloureux sentiments
Qui ne cessent de te tourmenter vicieusement

Tu sais je te comprends
Quand tu ne sais plus qui tu es
Tu sais je te comprends
Quand tu te questionnes sur ton identité ou ta sexualité
Mais sache que ça va aller

Que le temps, qui prend lui-même son temps
Fait cicatriser les petits comme les plus gros bobos
Qu'il t'aide à soigner tes tourments
Malgré tous tes questionnements d'ado.

Corps

1
Corps

Tu es passé par différentes phases
Tu es recouvert de quelques cicatrices
Plus jeunes elles t'ont touchées, ces fameuses phrases
Elles n'étaient guère salvatrices
« trop grosse », « poitrine trop développée »
Alors que tu ne subissais seulement que ta puberté…

Les enfants sont souvent méchants et médisants entre eux.
L'adolescence est une période fragile, car c'est là que l'on construit
sa propre estime, mais elle peut être biaisée par des ressentis qui ne
sont pas les nôtres…

Ego

J'ai toujours cru que ma vie tournerait autour de l'amour, du fait d'aimer et d'être aimée en retour. En réalité, je crois que ça n'a jamais été le cas. J'ai détesté les gens pour ce qu'ils étaient. Je les ai détestés pour leur beauté, pour leur intelligence, pour leur aisance. Je les ai haïs de toutes mes forces pour leur bonté, leur gratitude, leur attitude. Je les ai détestés au lieu de les aimer parce que je les enviais. Et que ce sentiment est encore d'actualité. J'ai puisé tellement d'énergie à me comparer, à me focaliser sur mes erreurs, à me dénigrer... sans prendre le temps de me complimenter et de le penser sincèrement. Sans cesse j'attendais d'être validée par une quelconque personne, inconnue comme familière d'ailleurs. Comme un complexe d'infériorité et ironiquement de supériorité lorsque je trouvais les gens moins à mon goût. J'étais assoiffée de reconnaissance. C'est comme si ma propre naissance dépendait d'autrui et de leur approbation. Parce que je cherche toujours un regard qui acquiesce ou un sourire empli de tendresse, qui soit sincère. Je ne cesse de me répéter que c'est ma beauté qui définira mon identité. Si je suis « trop » ou « pas assez ». Toute ma vie on m'a fait comprendre que ce n'était jamais suffisant ce que j'étais. On me définissait à travers mes yeux qui louchaient, par mes cheveux pas très brossés, ou encore par une poitrine un peu plus développée. Mon physique était le plus important, celui qui devait être le plus attrayant. Jamais on a reconnu cette petite fille cachée qui ne désirait qu'une chose : être aimée à sa juste valeur, c'est-à-dire pour son cœur. Son cœur qui battait, qui essayait de s'en sortir malgré les calamités lancées sur son physique... J'ai fini par comprendre qu'avant tout c'est moi qui forge ma propre identité, que bien sûr le physique, le style vestimentaire peuvent nous définir. Ça fait partie de moi, mais tout cela doit être adéquat à ce qui se reflète à l'intérieur.

Profil

Longtemps je t'ai détesté
Quand je te regarde je me défile
Profil
Il est vrai : s'aimer, c'est difficile
Mais c'est tout un travail,
De s'accepter, de découvrir ces trouvailles
Profil
Je ne te renie plus
Malgré ton menton, ton surplus
Tes joues rebondies
Profil
Tu n'es pas un vêtement que l'on enfile
Je ne te changerai pas
Car tu fais partie de moi.

Quelque chose la gênait
Un corps trop lourd
Ça la taraudait
Nuit et jour
Son esprit vif était embué
Et son âme trop emprisonnée
Ce fardeau, pensait-elle,
Venait d'elle,
L'empêchait d'être belle
Qu'était-il advenu,
De son admiration pour sa peau nue ?
En vérité, celle-ci s'était évanouie,
Un soir, ou bien en pleine nuit
À force de subir la douleur,
Elle fut comme anesthésiée
Et ses pleurs étaient liqueurs
Amers et gênés
Le miroir la narguait
Son reflet lui riait
Et son âme pleurait,
Pleurait.

2
Corps

Tu es devenu différent
Où est-ce mon regard qui s'est transformé ?
Peu importe, tu es tolérant
De mes décisions bancales face aux changements
À vrai dire, nous avions mené une guerre
Toi et moi
Où je te regardais au début méchamment
Nous n'étions pas d'accord sur l'apparence à opter
Moi je me disais : ta carrure doit être plus fine
Toi, tu ripostais en me prouvant qu'on ne pouvait guère modifier une morphologie
Après plusieurs discussions,
Et une adaptation à cette cohabitation
Nous avons enfin trouvé un terrain d'entente
J'aime tes formes et tes imperfections
Même s'il y a encore des petits éléments à travailler, et ça me tente
J'arriverai à définitivement t'apprivoiser
Pour que plus jamais une mauvaise image de toi ne me hante
J'apprécie tes vergetures, tes rondeurs
Et même tes nombreux bleus
On agite le drapeau blanc
Je déclare la paix
Soit franc
Cher corps

Tu n'attendais que ça : que je t'accepte et te chérisse comme de l'or
C'est terminé : je ne te dénigrerai plus
Et promis, je ferai attention à tes vertus
Enfin en adéquation,
Ce sont donc les anciennes critiques que nous délaissons.

Sensualité

Il me caressait l'âme avec des mots insensés et susurrait à mon corps des gestes démesurés…

Plaisir solidaire

Mon plaisir solidaire
que tu me touches avec tes mots
Mon plaisir solidaire
que tu m'fasses l'amour tu le prévaux

Embrasse-moi avec ta poésie
Embrase-moi avec ta frénésie
Caresse-moi avec ta prose
Caresse-moi avec osmose

Tes lignes mordillantes
Je les lis, très excitantes
Tes lignes enivrantes
Je les conte, très entraînantes

Mon plaisir solidaire
que tu me touches avec tes mots
Mon plaisir solidaire
que tu m'fasses l'amour tu le prévaux

Hypnotise-moi avec tes doigts
Qui se déposent sur mon dos
Hypnotise-moi avec ta voix
Qui susurre ces phrases bateaux

Et mon corps tangue
De tes récits salés
Et il tressaute sous ta langue
Quand elle se met à chavirer

Mon plaisir solidaire
que tu me touches avec tes mots
Mon plaisir solidaire
que tu m'fasses l'amour tu le prévaux

Mon plaisir solitaire
que je te rejoigne sur la mer
Mon plaisir solitaire
que je t'aime jusqu'en enfer.

Symbiose
De nos cœurs
Symbiose
De nos corps
Symbiose
De nos âmes
Tes joues roses
Écartent mon état morose
Dans la pénombre de la nuit
Tu es le phare qui me sauve la vie
Symbiose de nos yeux
Qui ne se quittent plus
Qui se dévorent entre eux
Symbiose de nos bras, de nos cuisses entremêlées, de ton bas que j'ôte
en t'embrassant, là, tendrement.
De ta bouche qui épouse mes formes, que je trouve pourtant difformes.
De ton souffle qui s'accélère, que tu n'en fasses pas des manières
La pureté de
Notre symbiose
En osmose…
Comme dans un rêve,
Symbiose marquant la trêve
De mes démons tourmentés,
Car tes anges viennent les aider…

Tu n'es pas l'amour de ma vie,
Plutôt l'amant de mes nuits.
Le marchand de sable n'a qu'à bien se tenir
Car tu l'as remplacé pour ne pas m'endormir.
Tu parcours mon corps de tes mains,
Et m'admire quand je pousse un gémissement soudain.
Tes doigts tracent des lignes imaginaires,
Sur mes courbes inégales,
Tu embrasses mes paupières,
Puis fais naître mes râles.
Un supplice bien trop lent,
Pour mon anatomie qui attend.
Ton corps sur le mien,
Me fais frémir d'un plaisir coquin
Et tes reins, par des va-et-vient,
Me prennent en otage pour un temps incertain.

Ancrage sur la peau

Ancré sur la peau
Gravé au fond des os
Marqué dans le cœur,
Sujet du bonheur...
Flots submergeant,
Mots envahissants
Gestes déconcertants...
Regard imposant.
Présence excitante,
Sensations tentantes
Langue claquante,
Paroles retentissantes...
Une caresse,
Une prouesse,
Mais une promesse
Qui cette fois ne blesse.
Fichue tentation
Fichue excitation
Fichue exaltation
Fichue addiction
Menant la danse,
Faisant office de panse...
Son toucher accentue la cadence,
Plus rien n'a de sens.
La jolie folie nous guette

Et j'oublie d'être une fillette
Me lâchant des airs de minette
Même si ça me rend pittoresque
Fichue beauté
Fichu aparté
Fichue soirée
Fichu été
Flots submergeant,
Mots envahissants
Gestes déconcertants...
Regard imposant.
Présence excitante,
Sensations tentantes
Langue claquante,
Paroles retentissantes...
Mais...
Ancré sur la peau
Gravé au fond des os
Marqué dans le cœur,
Sujet d'un bonheur...

La Voie/Voix de la guérison

«

– Tu crois que je vais guérir, un jour ? Guérir de tous mes maux qui m'accaparent ?

– Bien sûr tu vas guérir et arriver à t'y exprimer le plus profond de toi va t'y aider. Je ne sais pas si ce sera une guérison à 100 %, mais lâche tout, pleure, gueule, cogne, vire-moi toutes ces merdes qui te bouffent.

»

Mon guide sur Terre. Je ne te remercierai pas, car tu détestes ça. Mais je te suis reconnaissante d'aider une fille grandissante : de cette enfant devenant une femme indépendante.

Elle arriva très tôt au Paradis. Le Soleil ne s'était pas encore levé et la Lune se projetait timidement, suivie des étoiles qui scintillaient. Les nuages continuaient leur course, l'enveloppant dans une atmosphère plutôt douce et tranquille. Elle était seule, mais sa solitude ne demeurait pas dérangeante, plutôt apaisante. Elle s'asseyait près des immenses grilles tout en contemplant le paysage idyllique qui s'offrait à Elle. Il ne faisait ni froid ni chaud. En vérité elle ne ressentait rien : ni les odeurs, ni les sensations, ni la chaleur ou la froideur. D'ailleurs il était évident que son cœur ne battait plus. Il n'alimentait plus sa poitrine, et donc, celle-ci ne se soulevait, ni ne s'abaissait plus. C'était un néant parfait : la blancheur éclatait partout : que ce soit sur le sol, sur les piliers qui soutenaient les arches décrivant des courbes parfaites et sans rature. Elle voulait prendre une bouffée d'air frais, mais elle oubliait qu'elle ne respirait plus, elle oubliait que plus jamais ses cheveux bruns entremêlés ne s'agiteraient face au vent, que plus jamais elle ne recevra la caresse d'une brise, le souffle chaud d'une bouche sur son corps. En parlant de son corps, il ne vibrait plus, il ne frissonnait plus au contact du toucher, il ne tremblait plus. Il s'était déconnecté de son âme qui errait dans des lambeaux trop parfaits et trop étudiés minutieusement. Sa peau figurait étrangère tandis que son sang ne circulait plus dans ses veines. Elle aurait pu se lasser, devenir nostalgique, voire triste. Mais encore une fois, Elle ne ressentait rien. Le Soleil vint enfin, brillant de mille éclats. Pourtant, il paraissait lointain et artificiel. Inutile. Une main se posa sur son épaule, mais son corps ne réagissait pas, c'était son esprit qui dirigea ses yeux vers cette main étrangère. Elle était encore assise, ou flottante, qu'importe, près du portail trop éclatant, lorsqu'une Autre dit alors « c'est comme ça ». Pourtant, elle ne dépassait pas les barrières, elle n'avançait pas. Elle s'était retournée un jour, une seule fois, et le ciel éclatait de mille couleurs : du rouge, du rose, du orange, et du jaune surplombaient le ciel. Au loin, l'Enfer flamboyait, l'attirait. Seulement, elle était au Paradis, quand même ! Cet endroit si idéalisé, si désiré par Elle. Enfin le calme ! Enfin la sérénité ! Fini la souffrance ! Fini la douleur ! Fini les symptômes névrotiques, même pathologiques ! Adieux les pensées inconscientes qui se réveillent la nuit ou au cours d'un rêve. Adieux ces émotions négatives et rigides ! Adieu, tout simplement ! « Tout simplement ».

Elle se souvint alors de l'Enfer. Elle se souvint du chaud et du froid. De la douleur et du bonheur. De toucher et d'être touchée. D'être blessée et d'être aimée. L'Enfer autrefois lui paraissait si terne, si injuste, si écorché et calciné... Ses représentations étaient influencées de par son vécu, de la partie si obscure et glaçante. L'Enfer, c'était les autres. Mais l'Enfer, c'était surtout Elle. Ses émotions. Ses sensations. Elle vivait. Elle respirait. Ses cheveux pouvaient battre en retraite à cause de la tempête, ses joues pouvaient rougir par un contact ou une parole. Son corps s'activait, en permanence. Son environnement ne resplendissait pas toujours, mais ne l'aveuglait pas pour autant. En voyant le Paradis, elle regretta soudainement l'Enfer.

Puis elle comprit. Elle comprit que le Paradis était une représentation faussée par des idées reçues. Elle comprit que l'Enfer n'était pas si terrible que cela ; parce qu'elle se sentait en vie. Avec la souffrance, elle vivait. Avec son mal-être, elle vivait. Avec la beauté des choses, la beauté d'une ruelle, la beauté d'une montagne ou d'une rivière, elle vivait. Elle vivait à travers le monde et ses émotions. Elle vivait quand le Soleil assombrissait et réchauffait sa peau. Elle vivait quand elle admirait la Lune qui s'élevait. Elle vivait même quand elle pleurait. Mais elle vivait...

J'essaye de donner du sens à ce que je dis, à ce que je fais
Pourtant, pourquoi tout cela me semble surfait ?
Ma carapace n'est plus efficace,
Et d'impatience, je trépasse.

J'ai vécu l'avancement,
Pourtant maintenant je fais du surplace,
Et je ressens ce malaise permanent.
Pourquoi le miroir me paraît dérisoire,
Si inconnu et malaisant ?
La mélancolie et la nostalgie ne me quittent pas,
Comme Brel et son amour qui l'emmène au trépas.
Une vie monotone, un quotidien banal,
Pourquoi ça va quand ça va mal,
Pourquoi tout est triste quand les couleurs rayonnent ?
Une envie d'aventure, de renouveau,
Alors que je stagne sur mon canapé,
À rêver d'un monde plus beau.
Ma bulle s'empoisonne,
Le poison est déjà bien infiltré,
Et quand ça résonne,
Je finis par tomber.

Pourtant je saurais me relever
Parce que j'en ai les capacités
Alors je cesse de me lamenter
Ou de me dénigrer
J'apprends désormais
À me motiver
Pour enfin avancer.

Il arrive un stade
Où le besoin de guérir est fulgurant
Ainsi que de s'échapper de cette mascarade
Il arrive un stade
Où c'est terminé de se comporter comme un figurant
J'ai eu besoin d'écoute
Eu aussi quelques doutes
Mais voilà que je redoute
D'être véritablement face à une autre facette
Dont je n'ai même pas eu la connaissance
Qui depuis bien longtemps a pris naissance
Où la découvrir fera, j'espère, ma renaissance
J'ai appris
Que cette partie
De mon anatomie
Était loin d'être négative
Elle est déjà native
Donc impossible de la chasser
Je m'en veux un peu
De l'avoir reniée
Sans une seule fois l'avoir écoutée
Elle dit qu'elle est là pour m'aider
Pour me mettre en sécurité
Ainsi que pour me rassurer
Mais de l'autre côté
De mon être
Ou de mon mal-être
Il y a son contraire
Il y a l'inconnu

Cette autre ère
Dans laquelle
Respirer l'air
M'effraie
Mais en même temps
Me tente vachement
Les deux doivent s'harmoniser
Dans le but d'enfin connaître la paix
Trouver un certain équilibre
Pour me sentir libre
Que c'est étonnant
Lorsque l'inconscient
S'éveille à nouveau
C'en est presque rassurant
Que les énormes vagues
Soient transformées en un simple cours d'eau.

Que c'est étonnant
Lorsque le déclic se déclenche
Tout va si vite comme une avalanche
Et plus rien n'est pesant…

« T'as pas à t'excuser ou te sentir coupable pour le mal que te font les autres. Tu ne peux pas toujours le prévoir ».

Merci. Juste merci. J'avais besoin d'entendre ça. Et toi aussi qui me lis, je crois. T'en fais pas. Tu guériras.

J't'attaquerai à coup de mes proses
Pour abattre ton état morose
Et si jamais tu t'y opposes
Tu goûteras à mon talent de virtuose

Si t'essayes de contourner mes mots
Sache qu'ils sont puissants et briseront ton égo
Mais si tu décides d'les éviter
J'm'assurerai qu'ils soient bien encrés

J't'ai vu contempler l'océan
T'avais qu'une seule envie c'est d'y plonger dedans
Seulement remonter à la surface n'était pas ton option
Tu comprends bien que d'te laisser faire était hors de question

Ton esprit est si vide
Tout comme tes yeux livides
En partant tu m'as donné cette lettre
Dans laquelle tu disais ne plus vouloir être

Ton écriture était tachée de ratures
Tu disais être perdue dans cette épreuve si dure
Il suffisait d'appuyer sur l'interrupteur
Qui ne se trouvait point à ta hauteur

J't'ai vu contempler l'océan
T'avais qu'une seule envie c'est d'y plonger dedans
Seulement remonter à la surface n'était pas ton option
Tu comprends bien que d'te laisser faire était hors de question

En vain j't'ai tendu la main
Tu m'as r'gardé avec cet air incertain
Tu pensais qu'j'allais te lâcher dans ce ravin
Et que tu t'y noierais parmi les requins

Alors j'ai su que t'barrer,
N'était finalement pas ta priorité
Il y régnait encore une lueur
Cachée au fond d'ce triste cœur

J't'ai vu contempler l'océan
T'avais qu'une seule envie c'est d'y plonger dedans
C'est lorsque t'es remontée à la surface,
Que j'ai compris qu'tu cessais d'faire du surplace
Tu comprends bien que j't'ai laissé faire, que grand bien te fasse.

J'ai troqué pour cet été
Ma campagne et ma hargne
Contre la ville et le début d'une possible idylle
Seulement je dois dire au revoir
À la mer, les champs, les lavoirs
Et bonjour à la pollution, à la circulation
Pourtant c'est ça qui fera ma renaissance
Là où je recherche un peu de clémence
Pour fuir à tout prix ma jeune démence
Hors de question de faire preuve de décence
Il est l'heure de me libérer de mon essence
Le phœnix est mon animal totem
Avec lui je me sens indemne
Il est temps de voler, survoler, batifoler
Mais comment s'évader
Quand le poids est trop lourd à porter ?
Comment briser les chaînes
Sans maudire la vie de chienne ?
Un voile sur les yeux
Une toile sur le cœur
Arriverais-je à déblayer mes rancœurs ?
Prendre une grande inspiration
Continuer la méditation
Respirer à pleins poumons
Malgré ce trou béant dans la poitrine
Impossible d'être derrière la vitrine
Même si près de moi rayonne une citrine
Je ne veux plus être spectatrice
Ni que mes sombres pensées soient mes tentatrices

C'est pour cela que je suis autrice
Je peux réécrire les instants trop douloureux
Pour quelque chose de moins malheureux
Mais chacun est créateur de sa vie
Chacun peut décider de sa tournure
Et d'y mettre ou non certaines gravures.

Une Fleur se dressait au milieu des champs, entourée de ses autres congénères. Elle arborait une couleur rouge éclatante qui émerveillait les passants. Un jour, l'orage et les pluies diluviennes s'abattirent sans prévenir et ravagèrent l'immense terrain dans lequel les fleurs trônaient fièrement. La plupart d'entre elles perdirent leurs pétales : soit elles se laissèrent mourir, trop dévastées par ces disparitions de morceaux d'elles, soit elles se ternissaient d'une nuance noircie et dégoûtante. La Fleur, quant à elle, n'avait pas perdu de sa splendeur : Elle souriait toujours, malgré le fait que sa corolle soit abîmée. L'une de ses analogues s'était approchée d'Elle, se plaignant tant que tant en lui disant : « regarde-toi : tu es ragoûtante à t'extasier ainsi. Tu ne mérites pas de briller plus que les autres. Tu ne vaux rien ». Chaque jour succédant la terrible tempête, la Fleur subissait les rafales d'indignation des autres fleurs, qui, jalouses, chassaient les abeilles venant butiner près d'Elle.

Il continuait de pleuvoir. C'est comme si le soleil n'existait plus et qu'Elle était condamnée à vivre une vie morose et terne. De plus, sa splendeur s'évanouit petit à petit, jusqu'à ce qu'Elle devienne complètement inintéressante, banale, *comme les autres*... Les marcheurs ne s'attardaient plus, ne se languissaient plus à sa vue, et passaient leurs chemins. Le lendemain, ils ne vinrent plus du tout, ayant trouvé un champ de roses qui n'avait point écopé des aléas de la météo et qui offrait un spectacle époustouflant pour leurs yeux friands. Les mauvaises herbes poussaient, formant un cercle, et des épines naissaient sur sa tige bien amochée, pratiquement arrachée. Elle le savait : c'était un moyen de défense, après tout, même si Elle n'osait répondre, Elle pouvait toutefois les repousser... La plupart d'entre elles se fanèrent alors arrivé l'hiver. Bientôt, Elle savait que cela allait être à son tour de ne devenir plus que poussière... Elle se remémora la chaleur émanant du soleil qui lui caressait tendrement les pétales, et la joie qu'Elle ressentait à ce contact si familier. Les autres fleurs n'avaient pas le droit de lui retirer sa joie de vivre et de la rabaisser sous prétexte qu'elles se sentaient moins jolies !

La Fleur se concentra alors sur ses émotions. Elle s'imagina l'odeur du sel piquant de la mer qu'Elle adorait humer, et cette boule de feu dans le ciel qui irradiait de bonnes ondes. Très lentement, un pétale se mit à pousser. Il était rouge… La saison si froide s'écoulait, et le printemps pointait le bout de son nez, afin de faire renaître l'inespéré…

L'ironie lorsque l'on est dans la phase de guérison c'est qu'il n'y a pas automatiquement tous ces papillons colorés. Il y a encore quelques démons, des « boss » finaux, comme dans les jeux vidéo lors de la fin d'une quête. Guérir, ce n'est pas forcément esquisser un sourire. C'est se battre au corps à corps, de lames à l'âme. Ce n'est pas non plus faire des trucs géniaux du style voyager, se balader… C'est aussi rester dans son lit à se reposer un peu le cerveau après ce qu'il a endossé. Guérir, c'est prendre son temps. C'est accepter les rechutes sans se dénigrer. C'est pleuré les soirées de solitude ou même entouré. C'est ne plus culpabiliser de ne pas avoir accompli un truc extraordinaire dans la journée. Guérir c'est être tolérant, c'est se dire « c'est OK si je suis encore souffrant ». Guérir est un cheminement et il arrive que le voyage soit parsemé d'embûches, de retards, de latence. Mais ce n'est pas pour autant qu'il faille abandonner. Guérir, c'est de la volonté, c'est une véritable guerre à mener. Et puis, parfois, on n'a pas forcément les armes adaptées. Parfois il faut les revisiter, les modifier, les supprimer, délier certaines chaînes, certains mécanismes, même si cela peut créer un séisme.

Le plus important dans la guérison, à part le processus, c'est le consensus entre toi et… toi. Quelques parties pourraient ne pas être d'accord face à ce changement soudain. C'est comme si, en toi, il y a tout un gouvernement ainsi que des opposants. Tu ressens l'envie de le changer parce qu'il ne répond plus au besoin que tu détenais auparavant. Les opposants veulent du renouveau et feront pression. Les impartiaux n'agiront pas forcément, mais les adeptes du concept, quant à eux, seront les plus difficiles à convaincre. Engage une révolution. Renverse les dirigeants afin de les remplacer et que les lois soient opérationnelles pour ce nouveau besoin qu'est la guérison. C'est ce que j'évoquais précédemment, tu n'auras pas nécessairement de suite les outils pour façonner ton armée intérieure. Il te faudra de la patience, de la constance, et surtout de la résonance en toi. Mais tu y arriveras. Parce que vouloir, s'y donner les moyens, c'est arriver à (au) pouvoir.

Remerciements

Écrire ce recueil a été une légèreté dans mes écrits ainsi qu'un nouveau souffle dans mon style d'écriture. Je suis si heureuse d'être parvenue à bout de ce projet ! D'ailleurs, celui-ci n'aurait probablement pas vu le jour sans ces quelques personnes :

Tout d'abord, je remercie chaleureusement mes parents qui m'ont toujours laissé faire mes propres choix et qui m'ont permis de m'ouvrir vers une voie artistique. J'ai pu grandir sans pression de ce côté-là.

Je veux remercier surtout quelques amis qui me sont précieux :

Merci Nassim, d'être toi. D'être mon meilleur ami depuis plus de huit ans déjà. D'être sincère et authentique. Je sais que tu ne lis pas forcément tous les textes que je t'envoie, pourtant je sais que l'intention est là. Je t'aime.

Merci Jeff, pour les leçons que tu m'as apprises sur la vie, pour les corrections apportées à quelques-uns de mes récits. Oui, tu détestes les remerciements. Mais laisse-moi te narguer ici !

Merci à toi Tommy, de supporter les longs pavés que je t'envoie à des heures parfois incongrues. Tu es une personne inspirante et être à tes côtés, c'est pouvoir évoluer.

Merci à mes bebs : les Witch Woods. Je n'oublierai jamais cette communauté, ce groupe où l'on se soutient. Je n'oublierai pas non plus « Philo-Débats-Écriture-Lecture » et où je vous ai également bombardés de textes. Mais à chaque fois, vous avez répondu présent, vous me complimentiez… Tout ça, c'est aussi un peu grâce à vous…

Et puis, merci la vie, merci l'Univers. Merci pour les épreuves qui me forgent, qui me font grandir et mûrir… Ce n'est pas fini.

Imprimé en Allemagne
Achevé d'imprimer en décembre 2022
Dépôt légal : décembre 2022

Pour

Le Lys Bleu Éditions
40, rue du Louvre
75001 Paris